スタンフォードの心理学講義
人生がうまくいくシンプルなルール

ケリー・マクゴニガル
泉 恵理子＝監訳

最も大切な「変化」にコミットするのに必要なのは、
知恵と勇気なのです。

スタンフォードの心理学講義　人生がうまくいくシンプルなルール／目次

第1章　成功を、どう引き寄せるか

〝当たり前のこと〟ができれば、人生がうまく回り出す！

第4章 マイナス(負)の感情・状況に、どう対処するか

失敗や批判を感じる「失敗反応」は、様々なトラブルの引き金に！
「大したことじゃない」と逃げず、「なぜ、気にしているのか」直視する

第1章

成功を、どう引き寄せるか

〝当たり前のこと〟ができれば、
人生がうまく回り出す！

Lesson 1 スタンフォード大学の学生が「成功する理由」

米シリコンバレーは、起業家を生み出す世界の中心地として長年、注目を集めてきました。その人材を生み出しているのが、シリコンバレーの中心にキャンパスを置くスタンフォード大学です。

スタンフォード大学の学生が成功する秘訣は何でしょう。それは、「失敗を厭《いと》わない姿勢」です。

失敗を恐れないよう勧めるスタンフォード大学のこの考え方は、「ほとんどの新興企業が失敗する」シリコンバレーの起業文化の原動力になっています。スタンフォード大学を含め、サンフランシスコのベイエリアには「すべての経験から学習する」という哲学が根づいていて、成功の階段を上っていくためには「リスクを取ること」「居心地のいい領域から抜け出すこと」「失敗に前向きであること」が、不可欠なのです。

成功のカギとなる「成長型マインドセット」

別の言い方をするなら、スタンフォード大学は、「成長型マインドセット（拡張的知能観）」を学生に教えているとも言えます。「成長型マインドセット」という考え方を最初に提唱したのは、スタンフォード大学の心理学者、キャロル・ドゥエック教授です。

「成長型マインドセット」とは、自分自身に挑戦することでしか潜在的な能力を発揮できないという考え方です。難題に直面した時は、成長する絶好のチャンスです。失敗したり、目標を達成できなかったとしても、それはあなたが無能で力不足なのではなく、振り返って反省し、成長へ向けて前進する必要があるということなのです。

「成長型マインドセット」から得られることはたくさんあります。にもかかわらず、ほとんどの人が、ドゥエック教授の言うところの「固定型マインドセット（固定的知能観）」の持ち主というのが実情です。

成長を阻《はば》む「固定型マインドセット」

「固定型マインドセット」とは、能力・知性・才能をあなたが持っていようといまいと、それらは固定的であり、変わらないと信じる考え方です。

この「固定型マインドセット」の持ち主は、例えば試験の成績が悪かったりすると、もともと自分には素質がなかったのだと考えます。この人が挫折を経験すると、ほとんどの場合は諦《あきら》め、すぐに成功できる「別の何か」を探し始めます。そして自分の得意分野を探すことや、失敗、苦労を避けることが、人生の目標になってしまうのです。

ドゥエック教授の研究によれば、「成長型マインドセット」の持ち主は、困難を耐え抜き、仕事に意味を見いだし、長期的に成功する傾向にあるそうです。

入学当初の学生に多い「アヒル症候群」

意外かもしれませんが、スタンフォード大学の学生も入学当初は「固定型マインドセット」の持ち主が多いのです。彼らは生まれた時から、「頭がいい」「才能がある」「特別だ」と言われ続けてきた。あなたは人より優れていると褒《ほ》められ続け、リスクを取る意欲が失われているのです。

彼らがスタンフォード大学のような一流大学に進学できたのは、基本的には、完璧であることを追い求めてきたからです。

しかしひとたびスタンフォード大学にやってくると、こうしたマインドセット（心の持ち方・考え方）は、未来の可能性をさらに引き出す助けにはなりません。彼らはスタンフォード大学で、「自分に何ができるのか」試せるチャンスを得るのです。そのためには苦労したり、場合によっては失敗することを厭わない姿勢が必要です。

「成長型マインドセット」を教えるために、スタンフォード大学ではよく学生に「スタンフォードのアヒル症候群」の話をします。

「アヒル症候群」は何か恐ろしいウイルスというわけではなく、スタンフォード大学の新入生に蔓延《まんえん》する考え方のことです。この考え方には有害な2つの特徴があり、2つが同時に発症すると、成長型マインドセットを妨げます。

1つ目は、成功することや、最も優秀な成績で卒業することがとても重要だと信じること。2つ目は、「成功するために必死に努力しているわけではない、と周囲から見えるようにすることが重要だ」と信じることです。

この「アヒル症候群」という言葉は、アヒルが泳いでいる時の状態に似ていることから名づけられました。池を泳ぐアヒルは楽々と水上を移動しているように見えますが、水面下では必死に水をかいて、沈まず前に進もうとしているのです。

学生がスタンフォード大学に入学すると、彼らは大抵、このアヒルのように振舞います。表向きは落ち着いていて、自信を持っているように見えますが、本当のところは、周りに追いつこうと必死なのです。

数年前、スタンフォード大学はあるメジャーなオンラインサイトで「全米中で学生が最もストレスを抱える大学」と名指しされました。これは、「アヒル症候群」が原因だと考えられています。

しかし、スタンフォード大学だけに「アヒル症候群」が蔓延しているわけではなく、これは米国のエリート校の多くの学生に共通して見られる考え方です。

大学に入学する学生の多くは、それまでの人生でずっと、自分をできるだけ良く見せるよう訓練されてきました。失敗を避けたいという欲求が邪魔をして、「可能性にチャレンジしない」という選択をすることがあるのです。「努力や苦労をしているところを表に出さない」ことを目的にしてしまうと、彼ら自身を成功へ導いてくれる物事から遠ざかることになりかねません。

「アヒル症候群」はスタンフォード大学特有のものではありませんが、スタンフォード大学はこの問題に意欲的に取り組んでいる点でユニークです。

スタンフォード大学の学生は、新入生のオリエンテーションの際にこの現象について紹介され、挑戦や失敗は学びのプロセスであり、スタンフォード大学の学生らしからぬことではないと教わります。自分自身の問題を隠さずにいることで、問題について安心して話し合えるようなコミュニティー作りに貢献するよう、学生に促すのです。

スタンフォード大学は、寮のプログラムや同級生間のカウンセリング、学校職員のトレーニングを通して、「成長型マインドセット」という気風が大学に定着するよう取り組んできました。

私が教壇に立つ際も、できる限り「成長型マインドセット」を取り入れ、講座の早い段階で、学生が失敗を経験する機会を意図的に作るようにしています。例えば、ほとんどの学生が間違うだろうと知りながら、ある実験結果について予測してもらうのです。

間違ったことに対する私の反応は、「非難」ではなく「興奮・ワクワク感」です。心理学がいかに世界観を変えられるかを共有し、この講座がその〝変化〟を受け入れる機会だということを、共有できるようにしています。私は、間違うことへの〝熱意〟ができるだけ伝染するように努め、新しいアイデアを進んで取り入れるロールモデルとなるよう心がけています。

授業で学んだことが自分自身の人生の問題・課題とどう関わっているか、学生に尋ねるようにもしています。例えば最近私が教えた心理学の授業で、「ストレスの科学」について取り上げました。私は毎週、「講義や教材から学んだことと関連する体験を話してほしい」と尋ねることから、授業を始めます。

講義を通じて得たアイデアを自分の生活に取り入れたか。先週の講義で議論した内容を裏づけるような経験、あるいはその内容と矛盾するような経験をしなかったか。「成長型マインドセット」で重要なのは、あなたが「自分自身の人生の軌跡に影響を及ぼすことができる」と信じることなのです。だからちょっとした心理学の実験を課題として学生に与え、その結果を報告してもらっています。

例えばある日の講義では、不安を克服するための研究結果を再現してみるよう学生に求めました。この研究はもともと米ハーバード大学ビジネススクールの研究者によるもので、「体の姿勢」が人の気分や生理的な面にまで影響を及ぼすことを明らかにしたものです。不安を和らげ、自信をつけ、ストレスホルモンを減少させる効果がある「姿勢」を学生に教えました（読者の皆さんも試してみてください。姿勢よく座るか、あるいは真っすぐに立ち、両腕をリラックスした状態で両脇に添えるだけです）。

その後の講義で、この研究結果を自分の実生活に取り入れた学生数人が、その結果を共有してくれました。短距離レースで早く泳げるよう、水泳部の友人にこの姿勢を教えた学生もいました。

こうした実験は、2つの意味で「成長型マインドセット」を育てるのに役立ちます。まず、こうした実験をすることで、自分の習慣や「居心地のいい領域」ではないところで、物事にトライしてみるようになります。次に、「自分や自分の人生は発展途上であり、将来にたくさんの可能性を秘めている」という認識を与えます。

これはまさに、かつて私が取り組まなければならなかったことでした。心理学科の大学院生としてスタンフォード大学に入学した頃の私も、「成長型マインドセット」の持ち主ではなかったのです。それまで私は米ボストン大学の学部生で、（最高スコアである）A平均の成績を維持しつつ、4年間で2つの学位（マスコミュニケーションと心理学の学士号）を取得した成績優秀な学生でした。

にもかかわらず、博士課程の学生としてスタンフォード大学にやってきた私は、他の多くの新入生と同じ不安に襲われました。自分はこのエリート校にふさわしくないのではないかと恐れ、失敗を犯すか限界を露呈するかして、この学校にふさわしい学生ではないと周囲に見られてしまうのではないかと、不安になりました。

スタンフォード大学の学生の多くは、大学のロゴが入ったTシャツやスウェットを誇らしげに身にまとって授業を受け、キャンパスを闊歩《かっぽ》しますが、私はスタンフォードのロゴ入りのグッズを買うことすら躊躇《ちゅうちょ》しました。

もしうまくいかなかったらどうなるだろう。博士課程を途中で断念しなければならなくなったらどうしよう。そう思うと、スタンフォード大学のスウェットを身に着けることは、過剰な自尊心や野心の象徴である古代ギリシア倫理思想のヒュブリスと同じなのではないかと、密かに思っていました。「まずは、自分を認めてもらおう。それまではスタンフォード大学のロゴは私にふさわしくない」と、信じていたのです。

〝大失敗〟が、成功のきっかけに

　不思議なことに、いえ、完璧なタイミングでそうなったのかもしれませんが、私自身が「成長型マインドセット」を受け入れるために必要だった〝大失敗〟が、大学院生1年目の終わり頃に起きました。研究室が1年かけて収集した膨大《ぼうだい》なデータを解析していたところ、研究室の助手からデータの矛盾を指摘されたのです。データファイルを確認していくと、1カ月以上前に私がミスを犯し、2つのデータファイルを混ぜこぜにしていたことに気がつきました。

　私のミスのせいで、研究室でこれまで解析してきたデータファイルの信頼性が損なわれてしまったのです。研究成果となるはずだった観察結果はすべて、無駄になりました。

　私はこのミスについてアドバイザーに報告しなければならず、このことは私がそれまで経験した中で最も辛いことでした。重大なミスを犯したことをメンター（助言・指導してくれる人）に報告するくらいなら、ドロップアウトして博士号を取るのを諦める方が楽だと考えている自分がいました。

メンターだった彼の反応は、まさに「成長型マインドセット」を行動で示すものでした。彼はまず私が起こしたミスの内容を理解することや、問題が修復可能かどうかに関心を払いました。そしてファイルを修復し、プロジェクトを再び軌道に乗せるためのプラン策定を手伝ってくれたのです。同時に、「ミスは避けられないものので、重要なことはそれにどう対処するかだ」と、教えてくれました。

その時彼は、彼自身が大学院生だった時に同じようなミスをし、恐怖に震え上がった話をしてくれました。この時、私はスタンフォード大学に入って初めて「成功するために完璧である必要はない」と感じたのです。たくさんの助けを得られることにも気づきました。

どうすれば同じミスを再び犯さないかを学べただけでなく、秘し隠さず、物事を正しい方向へ向ける意欲を持ち、自分に少し思いやりを持つことで、過ちや失敗から立ち直る方法も学びました。

ファイルを混ぜこぜにしてしまったことは、大学院生活やキャリアの中で犯した最後の失敗ではありませんでしたが、私のマインドセットのターニングポイントとなりました。それは、スタンフォード大学が私に教えてくれた最も重要なこと、「過ちや失敗から成長する方法」を学んだ瞬間でした。

私はその後、心理学部の大学院生のメンターになりましたが、その時に印象深く心に残った出来事がありました。学生アドバイザーが、私と同じようなミスを犯したのです。その時の彼は、私がファイルを混ぜこぜにしてしまった時と同じくらい困惑し、動揺していました。

そこで私は、研究をすべて台無しにしたかもしれない自分の悲惨なミスについて、彼に話しました。そしてその経験が、研究者としての私をどれだけ成長させてくれたかについても、説明しました。

後に彼は「あなたのミスへの対応は、自分にとって新しい発見だった」と、私に教えてくれました。彼は「過ちや失敗はすべての終わりではないし、恥や不名誉の原因でもない」と悟ったのです。過ちや失敗とは、その対処法を見つけ出し、最善のアクションを取るためのきっかけに過ぎないと、気づいたのです。

スタンフォード大学の「成長型マインドセット」を伝える役目を果たせたことに、喜びを感じました。そしてさらに、私自身の失敗の経験がまた別のポジティブな結果を生み、自分が目指すメンターに一歩近づけたことに、感謝しています。

成功するためのルール

ルール1 「成長型マインドセット（拡張的知能観）」を持つこと

「成長型マインドセット」とは？

→「自分自身に挑戦することで、潜在能力を発揮できる」という考え方。スタンフォード大学の心理学者、キャロル・ドゥエック教授が提唱。

具体的な行動

- 失敗しても、「自分の能力不足だ」と思わないこと
- 難題に直面した時は、「成長する絶好のチャンス」と心得る
- ミスを悔いるのではなく、「ミスの内容を理解すること」「ミスが修復可能

かどうか」に関心を払う

ルール❷ 失敗を厭わず、「すべての経験から学習する姿勢」を持つこと

具体的な行動

- 挑戦や失敗は、学びのプロセスと考える
- 過ちや失敗は、〝対処法を見つけ出すためのきっかけ〟に過ぎないと知る
- 失敗やミスは、「新しい発見の機会」だと考える

ルール❸ 「アヒル症候群」から脱出すること

「アヒル症候群」とは？

↓ 表向きは自信満々に見せながら、本当のところは必死に周りに追いつこうとしている状況のこと。池を泳ぐアヒルが、楽々と水上を移動しているように見えて、水面下では必死に水をかいている状況になぞらえている。この症候群は、特に「エリート」に表れやすい。

具体的な行動

- ミスを包み隠さず、ミスに対処する

「やってはいけない！」ルール

- 能力・知性・才能は固定的で変わらないと信じる「固定型マインドセット（固定的知能観）」の考え方で、失敗や苦労を避ける。そしてそれを、人生の目標にしてしまうこと
- 「失敗を避けたい」という欲求に負けてしまうこと

Lesson 2

時間管理術について

「どうやってすべてをこなしているの？」と、よく聞かれます。「すべて」というのは、スタンフォード大学での心理学の講義や本の執筆、リサーチ、世界中での講演、さらには趣味で教えているヨガとダンス、といった様々な活動のことです。

皆さんがそうした質問をするのは、ほとんどの場合が純粋な好奇心からですが、もしかしたら畏敬《いけい》の念さえ持ってくださっているのかもしれません。まるで私のしていることがすごいことであるかのように。

自慢したいからこんなことを言うわけではなく、それがあまりにも「本当の自分」からかけ離れているからです。私は自分を「生産性の模範になるような人物」と思っていません。自分の「ToDoリスト」を見ると、圧倒されます。やることが多すぎるのです。どうしたらすべてを終わらせられるのでしょうか。

自分の事務所を見ると、そこは整理整頓された状態とは程遠く、ゴチャゴチャしています。時間管理術について書いていると、自分がペテン師のように感じることさえあります。効率を上げるための助言をするにしては、ネットショッピングに時間をかけすぎて時間を無駄にしすぎてはいないか、と。

「完璧にやらない」ことが、すべてをこなす秘訣

一方で、自分の「ToDoリスト」や散らかった机を見ると、恵まれているなとも感じます。スーパーマンでなく、普通の人間でありながら、やりたいことは「すべて」できるのです。何とかこなします。ほとんどの場合、楽しんでいます。

一番のポイントは、完璧にやらなくていいことです。それこそが、私が「すべてをこなす」ことに成功している本当の秘訣です。生産性を上げる一番のコツは、計画的になったり、時間管理をしたりすることではないのです。何かをやり遂げるために、「こうあらねばならない」といった杓子《しゃくし》定規なやり方でやるのではなく、自分らしく仕事をすることを許してあげるのです。

私は、物事をやり遂げるうえで邪魔になる「自分の癖」を受け入れ、その癖を利用する方法を学びました。例えば、私は夜型の人間なので「朝に大事な仕事をこな

そうとする」ことをやめる必要がありました。朝の時間を上手に使うことで、一日がうまく運ぶパターンができています。朝は、運動や瞑想《めいそう》でリラックスしたり、雑用を済ませることに費やします。夜型の私は夕方以降に高い集中力とエネルギーを発揮できることが分かり、一日の遅い時間に仕事を始めても構わないということも学びました。

「仕事を受けすぎる」という自分の性格も、受け入れています。「仕事を受けすぎることは悪いことではない」と。今までのキャリアの中で何度か、仕事を減らし、人生をシンプルにしようとしたことがあります。主だった仕事を1つに絞り、授業の回数を少なくしたり、出張の回数を減らしたり、集中したり。仕事量を減らしてストレスを少なくすれば、自分は幸せになれると信じていたのです。

仕事を減らそうとするたびに、スケジュールが空いている時間帯に予定を入れたがっている自分がいました。新しいクラスやプロジェクトはもちろん、家のリフォームができればと夢想していました。私にとって空き時間は、「クリエーティブな発想で埋め尽くさないと気が済まない」ものなのだと悟るようになりました。「空き時間があればバランスの取れた日々を送れる」と普通は考えるものですが、私の場合は逆だったのです。

人間は「忙しい」方が、幸せを感じる？

仕事を受けすぎていたことではなく、仕事量を減らせば幸せになれると思っていたこと、これこそが問題だったのです。実は、これはよくある誤解です。米シカゴ大学と中国の上海交通大学の研究によると、たとえ本人が望む以上に強制的に忙しくさせられていたとしても、人間は忙しい方が幸せに感じるそうです。多くの人は、忙しくない方が幸せだと信じていますが、真実はその逆なのです。

やることが多いのに割ける時間がなく、文句を言いたくなった時は、この事実を思い出すようにしています。自分の人生で最も忙しかったいくつかの出来事――論文を仕上げる時、本を執筆している時、そして結婚した時。その忙しかった時期に、信じられないくらい実りある成長を遂げたことを、自分に言い聞かせます。「忙しさ」は、ポジティブなストレスとなり得るのです。

趣味はどうでしょうか。趣味はエネルギーやモチベーション（動機づけ・意欲・やる気）の源であり、単なる気晴らしではありません。例えば私は今、本を書き上げるために必死で働いています。それにはものすごい集中力と鍛錬を必要とします。そんなに忙しい時なのに、「インドアサイクリング」のインストラクターの資格を取るために先週、1日休みを取りました。

今後、インドアサイクリングのクラスを受け持って教える時間が果たして私にあるのでしょうか。いいえ、ありません。では、なぜ忙しい中、そんなことをするのか。忙しい時だからこそ、自分の可能性を広げることで、前向きに、情熱的になれるのです。別の言い方をすれば、多くのことをすることで私は刺激され続け、多くのことを成し遂げられるのです。

「先延ばし」が、効率を上げる

やらなければいけないことを先延ばしにする癖を受け入れ、活用することも学びました。時間管理術を学ぶ時は通常、「やるべきことは、いったん放っておきなさい」と言われることはないでしょう。ですが私の場合、先延ばしすることで最高の仕事ができています。私はこれを「生産的先延ばし」と呼んでいます。

この「生産的先延ばし」は、スタンフォード大学哲学科名誉教授のジョン・ペリー氏から教わりました。彼は「ToDoリスト」の中に負担に感じる難題が1つあると、他の「やらなければならないこと」が輝いて見えることを発見しました。最も気がかりに感じていること以外のタスク（作業）を「休憩（ブレーク）」と位置づけ、やるべきことを終わらせる〝絶好のモチベーション〟と考えればいいのです。

ストレスを感じがちな私にとって、この考え方はとても参考になりました。この考え方がなければ、やるべきことを先延ばししているという不安が私を支配していたかもしれません。「生産的先延ばし」は、億劫な気持ちを力に変えてくれました。

原稿の章の構成に迷うと講義内容を考えるのがご褒美のように感じられ、講演するのが不安になった時はダンスの新しい振り付けを考えるのが、至福の時間になります。この原稿を書く過程でも「生産的先延ばし」を活用しました。執筆に取りかかろうかと考え始めた時、それをする代わりに、心理学の講義で使う教材を作り終え、2つの講演のために飛行機を予約し、本の最初の章を考えました。この原稿を書き終えようとしている今は、明日の出張の荷造りを先延ばししています。

以前は、「生産的先延ばし」に罪悪感を覚えていました。本当に成功する人は物事を先延ばしにしたり、時間を無駄にはしないものだと信じていたからです。成功する人は合理的で、きちんと練られた計画に従って淡々と事を終わらせるのだと。そうした働き方をしている人もいるかもしれませんが、私の性には合いません。

先延ばしが、私の効率を上げるのです。その時まさに取り組まなければならないことを先延ばししている最中に、最高のアイデアが出たり、素晴らしいプロジェクトが浮かんだりします。「生産的先延ばし」は、仕事のプロセスの重要な要素だと信じることを学びました。「生産的先延ばし」が私に合う理由は、「やるべきこと」が「やりたいこと」に変わるからです。〝生産的に〟先延ばしすれば、「不安な気持ち」を取り除こう、静めようと格闘するよりも、よっぽど時間を無駄にしません。「忙しいこと」を受け入れたり、「生産的先延ばし」をして時間を管理する方法が、すべての人に有効だとは思いません。こうした方法は、私個人の特徴・癖を生かしてくれるからこそ、効果があるのです。

実は、私は時間の管理より、性格の管理をしています。ご紹介したいくつかの方法を試そうという気になられた方もいれば、とんでもなく悲惨な手法だと考える方もいるでしょう。このレッスンで一番お伝えしたいのは、「あなた自身がどう働き、何がモチベーションとなるか」を知る、つまり、自分を知るということです。自分を知る方法に、正解はないのです。

まずは、自分自身が時間と労力をどう管理しているか、把握してください。「うまくいくべき」と思う手法を探すのではなく、「どうしたら本当にうまくいくか」

を見つけることに集中してください。あなたに合わない〝生産性向上モデル〟を自分に押しつけていないか、自分を見つめてください。

例えば、私はもともときっちりとした性格ではありません。書類の山やゴチャゴチャとした机は、逆に私をやる気にさせてくれます。だからオフィスをきれいに保つことや、ファイルを整頓するために時間を使うのをやめました。でももしあなたが「整理整頓された美しい環境があると、やる気が出る」人だとしたらどうでしょうか。机をきれいにしたり、仕事場を片づけることは疲れることではなく、逆にモチベーションを高めることでしょう。

私は仕事とプライベートの境界線をはっきり引かないのが好きなタイプの人間なので、仕事上のプロジェクトのためにプライベートの時間を費やしても構いません。しかし、あなたは仕事とプライベートをはっきり分けたいと考える人かもしれない。あなたがそういう人なら、その日に成し遂げたことと明日すべきことを考える「仕事終わりの儀式」のようなものが必要かもしれません。「今日の仕事はこれで終わり」という儀式を行えば、憂いなく、仕事のストレスをプライベートに持ち込まずに済むかもしれません。私の儀式は違います。一日の初めに儀式を行います。起きてベッドから出る前に、その日に成し遂げたい最も重要なことが何かを決めます。そうすることで、今日という一日の中で、どこにエネルギーと集中力を発揮すべきか、見通すことができます。

私たちは、皆それぞれ違います。あなたが自分に合った仕事の進め方に注意するようになれば、もしかしたら私が考えもしなかったような方法を見つけ出すかもしれません。いろいろと試してみてください。手に負えないほど忙しいスケジュールであったとしても、自分の仕事のスタイルや癖を見極める機会を作ってみてください。「その日のＴｏＤｏリストをすべて完璧にこなしたかどうか」で自分を評価するのではなく、「ＴｏＤｏリストが自分の生き方を反映しているかどうか」「自分が貢献したいことを反映しているＴｏＤｏリストかどうか」で評価してみてください。

時間管理のルール

ルール1 何でも完璧にやろうとしないこと

具体的な行動

- 「何かをやり遂げるためにはこうあらねばならない」という〝杓子定規なやり方〟を見直す
- 何かをする時に計画に縛られ、追われるようにやる必要はない
- 整理整頓されていなくても、よしとする

ルール② 時間を管理するのではなく、自分の性格や癖を管理すること

具体的な行動

- 自分自身が時間と労力をどう管理しているかを把握する
- 働くうえで何がモチベーションになっているかを確認する
- 自分らしく仕事をすることを、自分に許す
- 「自分の仕事のスタイル」を見極める
- 「仕事を受けすぎる」なら、その性格を肯定する
- ToDoリストが自分の生き方を反映しているか、振り返ってみる

例 夜型なら、朝に大事な仕事をするのをやめて、一日の遅い時間に仕事を始めても構わない。
夜型なら、朝の時間に雑用を済ませたり、運動をするなどリラックスしたりする時間に充てる。

ルール❸「生産的先延ばし」を実行すること

→最も気がかりに感じていること以外の仕事を「休憩（ブレーク）」と位置づけ、やるべきことを終わらせる〝絶好のモチベーション〟と考える。

具体的な行動

- 最も重要と思う仕事を後回しにして、他の仕事を済ませる
- 「成功する人が、練られた計画に従って事を終わらせる人ばかりではない」と知る

ルール❹忙しさは〝ポジティブなストレス〟なのだと、前向きに受け止めること

→「人間は忙しい方が幸せを感じる」という研究成果もある。

具体的な行動

- 「仕事の量を減らしても、幸せになれないこともある」と知る
- 「忙しさが適度のストレスになり、幸せを感じることもある」と知る
- 時間が足りずに文句を言いたくなった時は、「忙しいほど幸せ」と思って

みる

「やってはいけない！」ルール

●完璧を期すこと
●「やらねばならないこと」を常に優先すること
●「自分がエネルギーを発揮できない時間」に、大事な仕事をすること
●「時間が足りない」と、自分に文句を言うこと

Lesson 3

人は見た目が9割!? 成功する服装・スタイル

ファッションのこととなると、私は生まれつきちょっとした〝反逆児〟でした。「私の服装が学校にふさわしくない」という理由で母が学校に初めて呼び出されたのは、私が小学3年生の時でした。

それは1980年代初めのことで、当時憧れていたセレブの1人、歌手のマドンナに似せようと、私はキラキラと輝くネオンカラー（蛍光色）の服を着ていました。その時は校長先生の指示で、ネオンカラーの靴下やブレスレットを身に着けて学校に行くことを諦めざるを得ませんでしたが、それでもいつも何かしらトラブルになっていました。

6年生の時には、私が着ていたシマウマ柄のレギンスが「教室では目立ちすぎる」と先生に言われました。高校では、服装のことで副校長室に呼び出されました。どうやら、スペイン語の教師は私のシャネル風スーツやハイヒールが「派手すぎる」と思ったらしいのです。

ティーンエイジャーになっても私は洋服が大好きで、夏休みになると服飾デザインを勉強したり、服を手作りしたり、地元のショッピングモールにある洋装店で働いたりしていました。大学時代は、朝8時にスタートする授業でも、平気で厚底ブーツを履いたり、ヴィンテージのワンピースを身に着けたりして出席しました。

心理学の教授と昼食を取りながら、大学院への進学について相談をした時、「心理学の道に進まないなら、君はきっとファッション業界に行くんだろうね」と、教授から言われたほどです。

これだけ言っても、スタンフォード大学で心理学を教え始めた最初の数年の間に私に出会った人は、私がファッション好きな人間だと分からなかったのではと思います。

ボストンから北カリフォルニアに移り住んだ十数年前、私の持っている服はこの土地にはそぐわないと気づきました。カリフォルニアの女性たちは「大胆な色使い」「遊び心いっぱいのプリント柄」「デザイナーズブランド」ではなく、自然な色柄や素材の服を着ていて、それはファッション性が高い服というよりは、ハイキングに行くのにふさわしい格好のようでした。

「カジュアル」という基準が、おしゃれのあらゆる面を支配していました。女性はメークやアクセサリーをほとんどつけません。髪形もミニマルで保守的です。私は他人と違った髪形やヘアカラーを試すのが大好きでしたが、北カリフォルニアの土地柄には全く合っていなかったのです！（私はそれまで長いこと、ブロンド、赤毛、ブラウンと、いろいろなヘアカラーを試してきました。中でもピンクは一番のお気に入りでした）

この場所に適応するため、私は自分のスタイルを〝トーンダウン〟させるようになりました。それは本当の自分ではないように思え、いろいろなスタイルを楽しむことができなくなって残念に思っていました。でも私に何ができるというのでしょう！「悪目立ちしない」ためにも、北カリフォルニアの〝制服〟を自分のスタイルに取り入れなければ、と思ったのです。

講師の服装がきちんとしていれば、学生は熱心に学ぶ

スタンフォード大学で教え始めて2〜3年経った頃、「講師の服装が学生に及ぼす影響」をテーマにした研究に触れる機会がありました。

驚いたことにその研究で、講師の服装がきちんとしていればいるほど、学生たちは熱心に学ぶということが分かったのです。私は驚愕《きょうがく》しました！　ほかの研究でも、きちんとした格好で授業をする講師は、「有能で熱心だ」と学生に評価され、学習に良い影響を与えることが分かりました。

この研究で、目が覚めました。スタンフォード大学の講師が、ラフな服装で教壇に立つのはとても当たり前のことです。スーツを着ている人はほとんどいません。ジーンズにスニーカー姿の講師も珍しくないのです。私は「きちんとした服装」をすることを楽しんでいたにもかかわらず、講義をする時には、「カリフォルニア風のカジュアルスタイルに流されること」を自分に許してきました。

私のティーチングメンター（講義に当たり助言・指導してくれる人）で、最も尊敬する教員の1人でもある先生がいるのですが、その人の心理学の授業は学生の間で人気を博していました。その先生がこの学部で例外的な存在であることに気づいたのです。彼は講義の時、いつもスーツジャケットを着ていました。彼の服装も、講義の人気の一因だったのでしょうか？

この研究に出合った後、「方向転換しよう」と決心しました。着るものが学生の学習に良い影響を与えるなら、ジャケットとヒールを身に着けようと思ったのです。同僚と比べて着飾っているように感じても、気にしませんでした。さらに、お化粧をすることを自分に許しました。全くお化粧をしない人に比べて、少しお化粧をしている人の方が「より知的で、仕事にも熱心だ」と評価されることが、研究で分かっています。そしてまた私自身、少しお化粧をした方が、教壇に立った時に表情が豊かに見えるのです。

きちんとした服装をすることは、「学生のために」と試みに始めたことでしたが、結果的には自分への〝ギフト〟になりました。素敵な服を着ると、前よりも自信が湧いてきました。「自分がしていることには重要な意味がある」という感覚を得られました。一つひとつの講義が、何か特別なイベントのように感じられました。

カラフルな柄のものやデザイナーズブランドのジャケットを着ていると、自分らしくいられるようにも感じました。「ドレスダウン」してカジュアルな格好をしていたために、自分が大切にしていた部分が抑圧されていたことに気づいたのです。

それは、「クラシックなグレーのジャケットの裏地にヒョウ柄を張る意外性を楽しむ自分」「自分で選べるなら、カーキ色のパンツより赤いワンピースを着る自分」「洗いたてのすっぴんよりも、アイラインを引いたキャットアイメークにヌーディーな口紅をつけるのが好きな自分」です。

服装1つで、仕事の成果も変わる

服装は、自分自身に対する気持ちを変えるだけでなく、仕事の成果を変えることもできるのです。米ノースウエスタン大学の心理学者たちはこの効果を「装いの認知力（enclothed cognition）」と名づけました。服装が「自分の役割を果たすための能力」を最大限に引き出す手助けとなることを発見したのです。

例えば、注意力が必要とされる仕事をする時は、白衣（医師や科学者の象徴）を身に着けた方が、いい仕事をします。「自分はこうなりたい」と思う特徴と、服やアクセサリーを結びつけると、実際にその特徴を表現したり、仕事の質を高めるのに一役買ってくれます。

私の場合、きちんとした服と楽しい服を組み合わせて着ることで、「心理学講師という自分」を表現しやすくなりました。教育について真剣に考えていると同時に、学びのプロセス（方法）を楽しいものにしたい、と考える自分です。

講義を準備する時、私は少なくとも1度は、リスクを取るよう心がけています。例えば、学生を教壇に上げて、研究を実証することもあります。時には心理学的法則を説明するために、人気のテレビ番組のビデオを見せ、学生を驚かせたり、喜ばせたりすることもあります。

講義に当たり洋服を選ぶ時や、公の場で講演する時、この〝同じ法則〟に従うようにしています。少なくとも1つリスクを冒して、自分を楽しませることができないだろうか、と考えるのです。こうした心構えでいられるよう、ネックレスやブレスレットをいくつも持っています。「明るいピンクのツイードジャケット」のような、クラシックなスタイルでありながらも意外な色合いを持つものを、好んで使うこともあります。

初めて東京を訪れた時、原宿と表参道に買い物に行き、とても珍しいデザインの服を買って帰りました。スタンフォード大学に戻り、最初の講義でそれを着た時、学生の間では私が着ていたそのセーターの話題で持ちきりでした！　それは〝プレッピーな（名門学校に通学している良家の子女が着るような）〟ネイビーのセーターだったのですが、セーターにはびっくりするような英語が書かれていたのです。

「見た目の心理学」の研究結果

「見た目の心理学」の研究の観点から見ると、私の最近の〝スタイル戦略〟は、２つの重要なレッスンをバランスよく取り入れていると言えます。

１つ目のレッスンは、「学生はきちんとした服装の教授を『有能だ』と評価する」という研究でもはっきりしたように、人は服装によって相手を判断するということ。

そして２つ目は、あなたが誰かに好印象を与えたいなら、「仕事に対するコミットメント」「専門性」を象徴する〝制服〟のような服装を身につけることを考えるといい、ということです。その〝制服〟がどんなものか――クリエーティブなものか、コンサバなものかは、職種によって異なります。

しかしながら、「自分らしくない服装」が逆効果になることもあります。例えばある研究では、「実際は手が届かないステータスシンボルを着ること」の影響に注目しています。その行為は自信を高めるどころか、かえって「自分には不似合いだ」という感情を絶え間なく生み出すことが分かっています。

あなたが着ているもののせいで「自分が偽物」のように感じるなら、仕事の場でも同じように「詐欺師」になったように感じることになりかねません。「他人に好印象を持ってもらうため」「目立ちすぎないため」だけで服装を選ぶのは、間違っているのです。これは、スタンフォード大学で教え始めた当初、私自身が犯した誤ちです。自分のスタイルを隠すことで、自分がここの一員でないような気持ちになっていました。

成功するためにに服装を考えるなら、他人だけでなく、〝自分の心に焼きつくように〟装いましょう。逆説的に言えば、自分に自信が持てる服装、自分がしっくり感じる服装を身にまとっていれば、他の人にも好印象を与えているものなのです。

人が外見だけでサッと下す「判断」は、あなたが着ている服、ヘアスタイル、身だしなみの域を超えています。私たちの判断基準のほとんどは、ボディーランゲージや感情表現、アイコンタクトといった「非言語表現」によるものです。この「非言語表現」こそ、あなたの自信や、生き方や仕事への熱意を示すものなのです。良い印象を与えたければ、こうした要因（非言語表現）は、「どんなスタイルを選ぶのか」ということと同じくらい重要です。「非言語表現」で良い印象を与えるためには、自分に自信を持つことが大切です。

ですから、重要なイベントで、あるいは毎日の仕事で何を着ていくか考える時は、「自信」と「自分らしさ」を最優先に考えることです。自分に問いかけてみてください。その服装を着ていて、気分がいいですか？　社会的に、そして物理的に、服装だけが目立っているということはありませんか。あなたの感情と熱意を表すために、必要な動作を取ることができますか。私は教壇に立つ時、身体にぴったりとフィットしたドレスを着られないということを、かなり早い段階で学びました。そうした服装だと、声を出したり笑ったりするために、深く呼吸することができないのです！

あなたが着ているものは、あなたの個性を適切に表現していますか？　ピンク色の髪はもう私の仕事には合わなくなりましたが、明るく楽しげなプリント柄やアクセサリーを身に着けることで、個性を表現し続けています。あなたのことをサポートしてくれている人を思い出させるアクセサリーや服を身に着けていますか？

私には、大好きなネックレスがあります。妹がくれたもので、「思いやり（compassion）」のシンボルが刻まれています。そのネックレスを着けていると、家族とつながっている実感を持てると同時に、自分の価値ともつながっていると、感じることができます。

このレッスンが、ファッションを楽しむきっかけになれば幸いです。私たちは「目立たないためだけに装う」ことが多すぎます。あなたが自分らしい服装をすれば、「自分がすべきことに関心を払い、それをやり遂げる自信を持っている」と、周囲に示すことになるのです。

成功する服装・スタイルのルール

ルール❶ 服装は「仕事の質を変える」と知ること

↓ 服装次第で、なりたい自分を表現したり、仕事の質を高められる。服装が「自分の役割を果たすための能力」を最大限に引き出す手助けになることを、米ノースウエスタン大学の心理学者たちが発見した。

具体的な行動

- 「服装は自分の気持ちだけでなく、仕事の成果も変えられる」と知る
- 「自分はこうなりたい」と思う特徴と、服装を結びつける
- 「仕事に対するコミットメント」「専門性」を象徴する服を身に着ける

ルール❷ 成功する服選びは、「自分らしさ」を最優先すること

具体的な行動

・選んだ服を着ていて、「気分がいいか」チェックする
・選んだ服が、自分の個性を表現しているか、チェックする

ルール❸ 服装を選ぶ時、「1つだけ」チャレンジしてみること

具体的な行動

・「きちんとした服」と「(自分が)楽しい服」を、組み合わせて着てみる
・「対照的な装い」を取り入れる

例 クラシックなスタイルの服の場合、対照的な装飾品(女性ならネックレス、ブレスレットなど)を身に着けると、そのこと(チャレンジ)で、自分も楽しめる

「やってはいけない！」ルール

- 自分らしくない服装をすること
- 土地柄、周囲の雰囲気に合わせた服を、無理やり着ること
- 「目立ちすぎないため」だけに、服装を選ぶこと
- 自分の好みから外れ、他人に好印象を持ってもらうためだけに服を選ぶこと

Lesson 4

生産性を上げるポーズ

私がボストン大学の学生だった頃、創造性についてのコースを受講しました。その講師はある日、自分が一番創造的だった時のことを思い出すよう、学生に言いました。

「ものすごく集中して、次々と洞察が生まれてきて、新しいものが作れてしまう、そんな『フローの状態』を体験した時のことを思い出してください」と。私は高校時代、美術の学生だった時のことを思い起こしました。夜遅くまで家にこもり、デッサン用木炭や鉛筆、パステルを使って、ポートレート（人物画）の技法を学ぼうと何時間も費やした、あの楽しい時を思い出したのです。

それからその講師は、「自分が創造的だった時、どんな格好、姿勢をしていたか、思い出してみてください」と言いました。これには少し困惑しましたが、その次に彼が言ったことには、もっと驚かされました。「最も創造的だったその時と同じ姿勢やポーズを取ってみてください」と、彼は私たちに言ったのです。周りを見回すと、クラスメイトたちはそのポーズを取ろうと動き始めていました。ある人は立ち上がり、ほかの人は背筋を伸ばして座っていました。部屋を歩き回り始めた人もいました。何人かは机に突っ伏し、何かを書いているか、手で何かを作っている動作をしていました。

先生が大真面目なことに気づいて、私は夜遅くに絵を描いていた時のことを思い出し、椅子を後ろに下げて、床にうつ伏せする姿勢を取りました。そして、ポートレートを描く時にいつもしていたように、肘をついて自分の体を支えました。

「創造性」とは、〝心の状態〟である

ポーズを取った意味は、何だったのでしょうか。講師によると、「創造性とは、ある人が持っていたり、欠けていたりする『才能』や『個人的気質』ではない。創造性とは『心の状態』なのであって、その状態にアクセスするには、助けが必要だ」ということでした。創造性が豊かだった時にしていた姿勢を再現することで、その時の記憶が呼び覚まされて、〝今の創造性〟にアクセスする助けとなるのです。

「その時（創造性が豊かだった時）に取っていた姿勢を再現することは、創造性の扉を開くための心理的な鍵のようなものなのだ」と、その講師は教えてくれました。行き詰まったり、〝先延ばし癖〟に陥ったりした時はこの姿勢を取り、それからもう1度、同じ仕事に取り組んだり、考えを巡らせてみることです。

実際に創造性を発揮できる姿勢を取ることで、私は体で、先生の言っていることが真実だと感じました。教室の床に横たわるのはワクワクすることではありませんでしたが（最後に教室の床が掃除されたのはいつだったのでしょう？）、すぐに自由で解放的な気分になり、インスピレーションが湧いてくる気が確かにしました。そしてはっきりと、仕事に取り組む準備ができていると感じました。

「定番のポーズ」を決めて、成果を上げる

あれから十数年以上経っていますが、この授業はいまだに私の記憶に残っています。その理由はたった1つ、この方法が「効き目があるから」です。

実用的なことではない（時々、首と背中が痛む）にもかかわらず、「床に横たわる」という動作は私にとって、創造性をスタートさせる〝定番の方法〟になりまし

た。ブレストする必要がある時や、新しい授業を企画する時、第一稿の草稿を書く時など、私は床をきれいにして「創造性のポーズ」をすることから取りかかります。ラップトップのパソコンを脇に置いて、「手書き」に戻ります。画学生だった頃と同じようなスケッチブックの、白い大きな紙に、マーカー（フェルトペン）を使って書くのです。

スライドを作ったり、成績をつけたり、編集作業をするのは机の上でもできるし、ラップトップを使ってもできます。でも、何かクリエーティブなものを生み出す必要がある時、私の体は横たわって、伸び伸びしたがるのです。

「何を生み出そうとしているか」で、方法は変わる

「やる気がひたすら湧いてきて、やるべきことをやり遂げる助けになるという心の状態」、このマインドセット（心の持ち方）さえあれば、生産性を高められる、と考えがちです。でも本当は、物事を成し遂げるのに必要なマインドセットは、あなたが何を生み出そうとしているのかで、違ってくるのです。「詳細な報告書を作成したり、定量分析の計算をすること」と、「詩を書いたり、複雑な問題についてゆ

っくり考えること」とでは、全く違った心の状態が必要になります。

前者については、雑念をシャットアウトする「心の状態」が必要になりますが、後者については、思いを自由に巡らせる、リラックスした「心の状態」が必要になります。同じように、インスピレーションをかき立てて、会社の理念について夢を大きく膨らませるための「抽象的思考のマインドセット」は、ビジネス計画の基礎をしっかり引き締めなければいけない時には役に立ちません。この時必要なのは、「具体的思考のマインドセット」なのです。

「モチベーションが上がらず行き詰まり、何かを生み出すことができない」と感じてしまう理由は、いろいろあるでしょう。中には、簡単に解決できないものもあります。しかし取り組むべき仕事に対して、間違ったマインドセットを持っているなら、解決することはできます。「迅速に物事を成し遂げられない」といって自分を責めるのではなく、体の姿勢や物理的環境を変えることで、マインドセットは変えられるのです。

心理学者たちはこれを「身体化された認知」（認知は身体の状態や動作に影響されるという考え方）と呼んでいます。これは、体の姿勢を含めた「特定の身体感覚」が、特定の心の状態を作り出す、という研究です。

研究で明らかになった「体と心の関係」

既にご存じかもしれませんが、最もよく知られた「身体化された認知」の例は、米ハーバード大学ビジネススクールのエイミー・カディ准教授による「パワーポーズ」の研究です。

彼女の研究によって、「『頭の上に両腕を伸ばして立つ』『机の上に足を乗せて、椅子に寄りかかって座る』といった〝体を開くポーズ〟を取れば、『無力感』を『自信』に変えることができる」ことが証明されています。この自信は、プレッシャーを感じている時のパフォーマンスをも、変えることができるのです。

ある研究で、カディ准教授とハーバード大の同僚の研究者たちは、「面接を受ける前に数分間、体を開くポーズ（いわゆる〝パワーポーズ〟）か、あるいはその逆の『おとなしいポーズ（姿勢）』を取るように」と、被験者に指示を出しました。パワーポーズを取った被験者は自分がパワフルになったと感じ、雇用主からも「おとなしいポーズを取った人たちよりも有能で、雇う可能性が高い」という評価を受けたのです。

さらに、生理学的に自信の表れであるテストステロン（男性ホルモンの一種）の値が、男女を問わず増えました（自信を起こさせる〝ベストなポーズ〟は、文化によって様々かもしれません。米国では「机の上に足を乗せる」というポーズが、最も効果的な「パワーポーズ」の1つです。中国、日本、韓国では、「背を伸ばして立つ」「腕を真っすぐにして座る」方法が、より効果的に見えます）。

カディ准教授の研究によると、電話や手の中に入る小さな機器を使って仕事をすると、それを使う時の姿勢が窮屈《きゅうくつ》で閉鎖的であるがゆえに、自信が持てなくなることまで、明らかになりました。大きなモニターのコンピューターを使って仕事をすると、逆の効果が表れました。恐らく、被験者の姿勢がよりオープンなものに変わったからでしょう。

「体の姿勢」は、体が精神に影響を与える1つの方法です。もう1つの「身体化された認知」は、物理的空間の感覚と関係しています。あなたがどれだけ肉体的に制限されているかに影響されますし、あなたの視界がどれだけ広いかによっても変わります。

例えば、米ミネソタ大学カールソンスクール（ビジネススクール）のグループの研究によって、「天井が高いほど、抽象的でクリエーティブな考え・思考が呼び起こされる」ことが分かった一方、「従来型のキュービクル（個人用小室）のような、より閉ざされた空間では、具体的で、細かく綿密な考え・思考が呼び起こされる」ことが分かりました。外に散歩に出かけることも、高い天井の下にいた場合と同じ効果があります。

こうした「広がりのある空間」は、大きなことを考えるマインドセットになるのに役立ち、アイデアを生み出す助けにもなります。逆に、ただ戸を閉めたり、ヘッドフォンを着けたりといった簡単な行動で、集中力を高めるマインドセットにもなれます。

こうした行動を取ることで、マユにこもっているかのように、「気が散るものからシャットダウンされている」という物理的感覚を得ることができるのです。

「身体化された認知」の科学を使えば、心が変わり、生産性が上がる

この「身体化された認知」の科学を使えば、「どんな状況でも、生産性を高める心の状態に自分を導く」助けになります。このレッスンの冒頭で紹介した、私の大学時代の講師が学生にさせたエクササイズはその一例で、皆さんが試してみるとい

い方法です。集中力、肉体的なスタミナ、協調性、創造性など、あなたにとっての〝理想的なマインドセット〟が何であれ、その状態になりたいと思う「ある特定の生産的なモード」があるなら、過去にそうだった時のことを思い出しましょう。そして、その記憶の中でどの部分が再現できるか、考えてください。

ポーズも1つの可能性ですが、それだけではありません。研究によれば、においや音も、生産性を高めるスイッチが入るきっかけになり、パフォーマンスを向上させ得ることが分かっています。たとえ、あなたの経験の一部を再現できなくても、その時のことをただ単に思い出すだけでも、そのマインドセットを引き出す助けとなることもあります。

創造性について教えてくれた講師と、「身体化された認知」の研究に触発されて、そうしたテクニックの一部を私の授業やワークショップに取り入れてきました。様々なポーズを試し、自分たちでコントロールできる職場環境の一部分で試して、楽しんでいます。

昔ながらのキュービクルで働く学生の何人かは、「Coffitivity.com」というウェブサイトを絶対的に信頼しているのですが、このウェブサイトは、コーヒーショップで聞くような音を録音して流しているのです。コーヒーショップは、生産性の向上と関係する「物理的な空間」なのです（研究がこの事実をバックアップしています。米シカゴ大学の研究で、カフェやコーヒーショップで聞こえてくる音は創造性を高め、仕事のアウトプットを増やすことが分かったのです）。

私も音楽を使うのが好きです。仕事に猛烈に集中したい時にかけるジャズとエレクトロニック・ダンス・ミュージック（クラブなどで演奏されるシンセサイザーなどを使った音楽）のプレイリスト（再生リスト）を、いくつも持っています。本を書く時は、必ずそうした音楽をかけてきました。音楽をかけると、「仕事モード」に切り替わる助けになるからです。

こうした方法は、「すべての仕事の生産性をアップさせる」という問題に対する〝万能薬〟ではありません。「ToDoリスト」の項目を減らしてくれるわけではないし、ブレークスルーになるようなアイデアを保証してくれるわけでもありません。退屈な職場を〝夢の職場〟に変えてくれることもありません。しかしこの方法は、科学が助けになってくれる、シンプルで〝ピッタリの一例〟です。あなたの「力」にアクセスしやすくするために、あなた自身が起こせる〝小さな変化〟なのです。

しなければならないことが何であれ、皆さんはそれをしたいと、心のどこかで思っています。そしてあなたは、どうしたらいいかも知っています。職場環境や、仕事のモードのほんの一部分をコントロールすれば、あなたの〝その部分〟につながりやすくなるのです。

生産性を上げるポーズのルール

ルール1 体の姿勢を変えること

→「頭の上に両腕を伸ばして立つ」といった体を開くポーズを取ると、自信を生み出すことができる。こうしたポーズは「パワーポーズ」と呼ばれ、高いパフォーマンスを発揮するのに効果がある。

「パワーポーズ」とは?

→ハーバード大学ビジネススクールのエイミー・カディ准教授が提唱。パワーを生み出す姿勢のことを「パワーポーズ」と呼び、「無気力感」を「自信」に変えることができると証明した。

・体の姿勢によって、マインドセット(心の持ち方)を変えることができる

・パワーポーズを取ることで、生理学的に自信の表れであるテストステロン（男性ホルモンの一種）の値が増える

具体的な行動

米国なら「机の上に足を乗せて、椅子に寄りかかって座る」のがパワーポーズの1つ。日本、韓国、中国なら「背を伸ばして立つ」「腕を真っすぐにして座る」方法が効果的。

ルール② 過去に「創造的だった時」と、〝同じポーズ〟を取ること

↓

創造性が豊かだった時、アイデアがどんどん生まれた時、そうした過去の〝絶好調状態（フローの状態）〟の時に取ったポーズを再現することで、その時の記憶が呼び覚まされ、創造性の扉を開くことができる。これを「創造性のポーズ」と呼ぶ。

具体的な行動

・行き詰まった時、先延ばししたくなった時などには、「創造性のポーズ」

を取る

例 著者の場合、「床に横たわる」のが創造性のポーズ。新しい授業内容を企画する時、新しい原稿を書き出す時、床をきれいにして横たわる。クリエーティブなものを生み出す必要がある時、体を横たえて、伸び伸びする。

ルール③ 「物理的環境」を変えてみること

→ 屋外や天井が高い空間といった「広がりのある空間」は、大きなテーマを考える場合や、アイデアを生み出す場合に適している。閉ざされた空間では、具体的で細かく綿密な考え・思考を呼び起こす効果がある。

具体的な行動

- 外に散歩に出かけたり、「広がりのある空間」に出たりして、環境を変えてみる
- 環境（場所）を変えるだけでなく、バックに流す音楽にも同じような効果

がある

例　著者は、仕事に猛烈に集中したい時は、ジャズやエレクトロニック・ダンス・ミュージックの曲をかける。

「やってはいけない！」ルール

「創造的な仕事をする時」も、報告書の作成など「緻密さが求められる仕事」をする時も、同じ姿勢（ポーズ）や同じ空間で、作業をすること。「何を生み出そうとしているか」で、取るべきポーズ、方法は変わる！

第2章

人間関係を、どう築くか

幸せや精神面での健康は、
「何をしているか」ではなく、
「一緒に働く人をどう感じるか」で決まる！

Lesson 5

職場の人間関係について

職場の人間関係が原因で、夜眠れなかったことはありますか。もしあるなら、それはあなた1人だけではありません。3万7000人を超える日本の正規雇用社員を対象に2014年に行われた調査によると、職場内で人間関係に悩んでいる人は、そうでない人に比べて不眠症に苦しむ傾向があることが分かりました。妬みだろうが、敵対心だろうが、同僚への失望だろうが、職場での「社会的ストレス」は、仕事の負担からくるストレスよりも、私たちを苦しめることがあります。

なぜ職場での人間関係で悩んでしまうのでしょうか。私たちは自分の仕事を「何をしているか」で捉えようとする傾向がありますが、私たちの精神面の健康や幸せは、「何をしているか」よりも、「一緒に働く人に対してどう感じるか」によって決まるからです。

第一に、人間は「社会的な生き物」です。職場などのコミュニティー（集団）に属していないと感じたり、コミュニティーを信頼できないと感じると、どんなに意味のある仕事も台無しになることがあります。仕事そのものの負担が大きかったり、ストレスが多かったり、自分の仕事がどうにも理想とは違うと感じるなら、コミュニティーに属しているという「帰属意識」がより大切になってきます。仕事の満足度を測るには、同僚との間に友情を感じるかどうかが、最もいい目安の1つです。社内政治や個人的な人間関係の対立で信頼が崩れてしまうと、疲労や健康問題を抱えやすくなります。

脳には「社会的な対立」を見つけ、悩む仕組みが組み込まれている

職場を離れても「個人的なドラマ（事件）」に悩まされるのは、私たちの脳には「社会的な対立のサイン（兆候）」を見つけ、悩む仕組みがしっかりと組み込まれていることが、理由の1つにあります。社会の中で生き抜いていけるように、できているのです。人間は、他人が考えていることを理解する必要がありますし、だからこそ私たちには他人の行動を予測する能力があるのです。同時に、自分の身を守るために、「敵は誰なのか」を知る必要もあります。そして、1人きりで問題に立ち

向かわずに済むように、自分をサポートしてくれる強いネットワークを築くことが必要です。

こうしたことはすべて、「『社会的な対立』は、他のどんなことよりもあなたの注意を捉える」ことを意味しています。他人の行動が理解できない時、あなたの脳は予測できない世界を理解しようとし、物事を解決しようとします。「人が自分に失望している」という様子を相手がチラッとでも見せれば敏感に反応し、批判的な意見や無礼な視線すべてにあれこれと思いを巡らせ、どうやって尊敬を取り戻そうかと、考え始めるのです。私たち人間は、自分たちのコミュニティーをスムーズに運営するための「社会的規範（ルール）」を乱す人に対して、怒りを覚えるものです。だからこそ、誰かが不適切な行動を取ったり、あなたを不公平に扱ったりした時、その不当な仕打ちに激怒し、相手を懲らしめるか、改心させようと画策します。

人間の脳の〝規定路線〟

この種の「社会的反芻」はとても重要な心の習慣で、これが実は人間の脳の〝規定路線〟なのです。実際、たとえ1分という短い間でも人を1人きりにさせて、思考が散漫になると、ほとんどいつも、何らかの形で「社会的なストレス」を感じ始め、それが不眠の原因になることを、脳科学者たちが解明しました。皆さんも恐らく、同じようなことをしていませんか。思考が散漫になるとしばしば、「他人のこと」「人があなたをどう思っているのか」「人間関係の問題をどう解決しようか」ということに、考えが向かうものです。

「社会的な対立」と上手につき合っていくための第一歩は、「それ（社会的な対立）がどれほど私たちに影響を及ぼすか」認識することです。これはただ単に、人間の性質《たち》なのです。「あなたの思考はほとんどいつも、どんなちょっとした対立（揉め事）でも、拡大・誇張して捉えている」と認識することも、役に立ちます。脳はどんな些細《ささい》な社会的ストレスでも敏感に探知することができるため、大したことのない「不確かなこと」を、壮大なドラマ（事件）に変えることができます。職場での人間関係の対立に参っていると気づいたら、「脳の『社会的な本能』が過剰反応しているのかもしれない」と、考えてみてください。

でも、朗報です。この「社会的な本能」を使えば、「職場での対立」が健康や満足感に与える悪影響を、減らすこともできます――あるいは少なくとも、（「職場での対立」と健康・満足感との）バランスを取れるようになります。「職場での対立にどう対処するか」へのアドバイスは一般的に、ごく当たり前のことですが、「対立の原因は何か」にフォーカスすることでしょう。しかし職場での対立が心身の消耗を招くのは、脳が既にその問題に取りつかれてしまっているからです。

とても意外なことに思われるかもしれませんが、「対立をどう解決するか」にフォーカスするよりも、「『社会的な本能』を永久に乗っ取ってしまう」のが、最善の策です。対立を否定する必要もないし、感情を抑える必要もありません――それは〝勝ち目のない戦〟なのです。かといって、「社会的なエネルギー」を、心身の消耗を招く人間関係や動きに、費やすべきでもありません。それよりも、あなたを支えてくれる人間関係を築くことに、エネルギーを振り向けてみてください。

職場の人間関係を改善する「3つのポイント」

❶サポートが必要な人が周囲にいるか、考える

サポートを必要としている人がいるか、自分自身に問いかけてみてください。社内政治でストレスがたまっていて、同僚の振る舞いが気になっているのなら、他の人もそうかもしれません。黙って気を揉んでいるより、自分が誰をサポートできる

か、考えてみましょう。話を聞いてほしいと思っている人は誰か。社内のドラマ（事件）の矢面に立っているのは誰か。その人の生活を少しでも楽にするためにできることは何でしょう。

❷「職場での親切」を実践する

「職場での親切」を実践してみましょう。あなたが職場で抱えている一番大きな「社会的なストレス」は個人的な問題だと感じていても、他人を助けることは、自分のストレスに対処するのに役立ちます。職場で小さな親切を行うことは、協力的な人間関係を築くのにとても役立つし、「職場での健康や幸せ」のカギとなります。こうした「ポジティブな社会的触れ合い」をしている時には元気が出て、対立から生まれる「毒」を消す〝解毒剤〟の働きをしてくれます。

❸他人の「貢献」を認め、感謝する

他の人が、「自分は評価され、受け入れられている」と感じられるようにしましょう。職場での対立で一番イヤなことの1つが、「自分は（職場の）一員ではない」と感じさせることです。しかも、周囲から認められようとしたり、受け入れてもらおうとすると、「我が強い」「物欲しそうな人」と思われてしまうことがあります。矛盾しているようですが、研究によれば、あなた自身の帰属意識を高める最良の方法は、他の人たちに、「自分は高く評価されているのだ」と、しっかりと自覚してもらうことなのです。他人の「仕事への貢献」を認め、感謝を表し、その人の仕事以外の生活について、心からの関心を示すことです。

こうしたやり方は、職場で直面する問題を必ず解決してくれるわけではありませんが、その問題で受ける「ネガティブな影響」を軽減する一助になります。研究によると、「職場での社会的なサポートをより強く感じている人は、落ち込んだり、精神的に消耗したり、職場での対立に悩んだりする傾向が低い」ことが分かっています。そうした人は、上司に批判されようが、同僚の態度にイライラしようが、仕事に対する心構えや満足感への悪影響が少ないのです。

どんなに努力しても、社内政治から逃れることはできないし、どんなに心配しても、対人関係の対立すべてを解決することはできません。しかし、職場で友情や協力的な関係を築く努力をすることで、上手に対処できるようになるのです。

職場の人間関係を測るルール

ルール
「何をしているか」よりも
「一緒に働く人に対してどう感じるか」に焦点を当てること

↓
人間は「社会的な生き物」であり、職場での「社会的ストレス」（人間関係）は、仕事そのものの負担からくるストレスよりも、私たちを苦しめる。

具体的な行動
- 仕事の満足度を測るには、「同僚との間に友情を感じるか」を1つの目安にする
- 自分をサポートしてくれる〝ネットワーク〟を築く

職場の人間関係を改善するルール

ルール①　サポートが必要な人が周囲にいるか、考える

↓　職場の人間関係でストレスを抱えている時は、「対立の原因」にフォーカスするのは得策ではない。自分を支えてくれる人間関係を築くことに注力する。「自分は誰をサポートできるか」「話を聞いてほしい人は誰か」「その人の生活を少しでも楽にするためにできることは何か」を考える。

具体的な行動

- ストレスがたまっていて同僚の振る舞いが気になるなら、「他の人も同じように感じているのかも」と考えてみる
- 黙って気を揉まず、「他の人をサポートできるか」考える

ルール②「職場での親切」を実践すること

→職場で他の人を助けることは、自分自身のストレス軽減に役立つ。ポジティブな行動を取ると元気が出て、〝対立から生まれるネガティブな影響〟を弱めてくれる。

具体的な行動

・職場で「小さな親切」をしてみる

→こうした「ポジティブな社会的触れ合い」をする時には元気が出て、対立から生まれる「毒」を消す〝解毒剤〟の働きをする。

ルール③他人の「貢献」を認め、感謝する

→他の人が、「自分は評価され、受け入れられている」と感じられるようにする。

具体的な行動

・他の人の「仕事への貢献」を認める

・その人の仕事以外の生活についても、関心を示す

「やってはいけない！」ルール

● 1人きりで問題に立ち向かうこと
● 対立をどう解決するかにフォーカスしすぎること

Lesson 6

雑談の効用

意志力の研究は、驚きの連続です。「時間を無駄に費やす邪魔なこと」に見える行動が実は、無意味で物事を遅らせるものではなく、思わぬところで実際に役に立ってくれるということも、その「驚き」の1つです。

「雑談」は生産性を高め、人間関係を強める

職場での休憩時間中の雑談を例に取ってみましょう。週末の予定や上司の噂話に花を咲かせたことで、仕事の時間を無駄にしてしまったと後ろめたさを感じるかもしれません。仕事に本腰を入れずに、冷水機のあたりをウロウロしたことで、信頼を損ねてしまったのではないかと思うかもしれません。

しかし、こうした「インフォーマルコミュニケーション（休憩スペースでの雑談

など、組織や集団内で行われる何気ない会話・コミュニケーション）」が、生産性を回復させ、職場での人間関係を強めるのに決定的な役割を果たしていることが、研究で分かっています。同僚とコーヒーを飲むといった、社交上の「ほんのちょっとした休憩」は、職場の雰囲気を改善したり、集中力を高めたり、仕事に対する英気を養ってくれることが分かっています。さらに驚くべきことに、こうした形式ばらない「社交上の交流」が、仕事での評判を高めることさえあるのです。

「雑談をする人は、能力・好感度が高い」

例えば、カナダのウィンザー大学の心理学者が2015年に行った研究によると、職場の冷水機のあたりで同僚と交流することに時間を費やす人は、そうでない人よりも能力や好感度が高いことが分かりました。その人たちは、新しいプロジェクトや仕事に推される可能性が高く、必要な時に同僚から助けを得られやすい、という結果が出たのです。

職場の冷水機周辺で交わされる何気ない会話がなぜ、職場での存在感を強化するのでしょう。

心理学者はいくつもの仮説を立てていますが、「ソーシャルキャピタル（社会関係資本）」からくるという説が、最も有力です。ソーシャルキャピタルとは、他者と積極的に交流することで得られる、ある種の信頼や尊敬のことです。ソーシャルキャピタルは、誰かを助けたり、仕事で好ましい印象を与えた時に得られるものですが、信頼関係や友情を築いたり、人に善意を示したりして「人と交流する」ことによっても得られます。

職場の冷水機周辺で交わされる会話のような、仕事に直接関係のない「交流」は、ソーシャルキャピタルを築くのに特に効果的です。仕事の重圧から解放されている時に、同僚の違う一面を知る機会を得られるのです。こうした会話は仕事の合間の「うれしい休息時間」として大切にされています。仕事への熱意を高めるのに、大きな役割を果たしてくれることがあるからです。「おかげで楽しい日になった」と人に感謝するのと同じように、あなたがほかの人の役に立った時、その人の仕事がうまくいくよう、助けたことになるのです。

さあ、これでもう「職場で人と交流すること」に時間を割くことを、後ろめたく感じなくなったでしょう。では、冷水機周辺で交わされる会話や、社交上の「ほんのちょっとした休憩」の効果を〝最大化〟するには、どうしたらいいのでしょう。

職場でのほんのちょっとした休憩の間に「他者との社会的関係」を強めるための〝理論的な裏づけのある戦略〟を5つ、紹介します。

「雑談の効果」をさらに高める5つのテクニック

❶同僚にメッセージを残したり、メールで連絡を取る代わりに、仕事場に直接出向き、手が空いているか確認してみましょう。

1日に何度も出かけていって邪魔するようなことはしたくないでしょうが、会って話す方が、仕事に関係のない簡単な会話を交わす機会が増えます。相手の「ボディーランゲージ」を頼りに、いま邪魔していいかどうか、判断しましょう。相手が忙しそうだったり、気がそがれているようであれば、ちょっと顔を出して、すぐにおいとましましょう。

特別に関係を築きたい人がいるなら、顔を合わせて直接話す時間が取れるか確かめましょう。相手と同じプロジェクトで働いていたり、相手ともっと話す必要があるなら、ランチやお茶、あるいは散歩に誘って、親睦を深めましょう（スタンフォード大学では、散歩を楽しみながらのミーティングは、とてもよく行われます。素晴らしい天候と、美しいキャンパスに恵まれていますから)。

職場の派閥争いにとらわれていると感じるなら、〝新しい人〟と知り合いになる目標を立てましょう。まずは、「こんにちは」と挨拶をして、その人の職場や服装、優れている点に触れることから始めてみましょう。

❷スマートフォンや携帯電話は、しまっておきましょう！

「フェース・ツー・フェースで交流することで、ソーシャルキャピタルを築ける」理由の1つは、文字通り、対面で会うからです。こうした形で物理的に誰かと向き合っている場合、知らず知らずのうちに、相手の表情や姿勢、ジェスチャーを真似します。こうやって、ボディーランゲージで自然と相手に同調することは、親密でしっかりとした友情関係を築く一助になります。スマートフォンや携帯電話のような電子機器に気を取られるようなことがあれば、この大事な「社会的プロセス」を邪魔してしまうのです。

ある調査によると、スマートフォンや携帯電話を手に持っていたり、ただ机の上に置いて見えるようにしているだけでも、精神的にも、視覚的にも気が散ってしまい、会話することで生まれる共感や信頼を損ねかねないことが分かっています。だから冷水機に向かう時は、スマートフォンや携帯電話を机に置いていきましょう。そして、会話している相手に細心の注意を払いましょう。

❸前に話した会話を〝フォロー〟しましょう。

同僚と信頼関係を築く最も簡単な方法の1つは、「あなたの話を確かに聞いていた」と、相手に示すことです。イベントに行く予定だと相手が話していたなら、どうだったか、後日、確認してみてください。新しいプロジェクトについて話していたなら、どう進んでいるか、聞いてみてください。朝からストレスがたまっているようだったら、午後にちょっと寄ってみるか、メッセージを送って、「どんな具合か」尋ねてみてください。

シンプルに聞こえるでしょうが、こうした〝フォロー〟が、すぐに忘れ去られてしまう会話と、後々まで信頼関係を築くための社交上の「ほんのちょっとした休憩（会話）」との間に、大きな違いを生むのです。

❹「ネガティブな噂話」を広げるのは、避けましょう。

同僚同士で、気難しい上司のことで愚痴をこぼし合ったり、問題だらけのプロジェクトの今後についてあれこれ推測したりしている時、彼らはお互いに、信頼の情を表に出しているのです。

控えめに話す分には、そうしたネガティブな噂話が、職場での人間関係を強化してくれることもあります。しかし、いつもネガティブな噂話の〝発生源〟になっていたとしたら、大抵は期待に反する結果になってしまいます。日常的に見境なく、そうした話をまき散らす人は、「信頼できない」と思われるようになり、もしかすると、「職場のいじめっ子」と見なされ、避けられるようになってしまうかもしれません。ネガティブな噂話は極力、控えるようにしてください。

ネガティブな噂話の集まりの中にいることに気づいたら、自分の批判をそこに〝上塗り〟して、話をエスカレートさせないようにしましょう。その代わり、相手が自分を信頼して話してくれたことに、感謝の気持ちを表しましょう。そしてできることなら、この機会を、相手をサポートするきっかけにしましょう。

例えば、相手が仕事を嫌がっている人について愚痴を言っているなら、「それに対処しなければならないのは大変ね（お気の毒ね）」と、共感を示してみましょう。そして、「自分に何かできることがないか」、聞いてみてください。

❺「ポジティブな噂話」をする人になりましょう。

噂話がすべて、ネガティブなものとは限りません。他の人を褒めると、職場での自分の評価を高めることができるという研究もあります。「いい噂話をする人」には、どうしたらなれるのでしょうか。

相手がその場にいない時に、褒めるようにすることです。他の人が行った貢献を認めましょう。チームを信頼していること、新入社員を気にかけていること、プロジェクトに熱意を持って取り組んでいることを、言葉で表現してみましょう。予期せぬやり方で困った人を助けたチームメンバーの話をしましょう。組織的な調査によると、ポジティブな噂話をした相手（個人やグループ）にその言葉が直接届かなくても、それを聞いた人はあなたのことを、「職場を大切にし、貢献する人」と見るようになることが分かっています。いい噂話を広める人は、「サポートを受けるべき人」として認められるようになります。そして、あなたが〝その（いい噂話を広めるという）習慣〟を身につけたなら、必要な時に他人が助けてくれたり、守ってくれたりする可能性が高まるのです。

「雑談」のルール

ルール❶ 生産性を回復させ、職場での人間関係を強めるのに決定的な役割を果たしている

→ 研究によると、「同僚とコーヒーを飲む」といった、社交上の〝ほんのちょっとした休憩〟は、職場の雰囲気を改善したり、集中力を高めたり、仕事に対する英気を養ってくれることが分かっている。さらに驚くべきことに、こうした形式ばらない「社交上の交流」が、仕事での評判を高めることさえある。

ルール❷ 「雑談をする人」は、能力・好感度が高い

→ カナダのウィンザー大学の心理学者が2015年に行った研究によると、職場の冷水機のあたりで同僚と交流することに時間を費やす人は、そうでない人よりも能力や好感度が高いことが分かった。その人たちは、新しいプロジェクトや仕事に推される可能性が高く、必要な時に同僚から助けを得られやすい、という結果が出た。

雑談のような、仕事に直接関係のない「交流」は、「ソーシャルキャピタル（社会関係資本）」を築くのに特に効果的だ。

ソーシャルキャピタルとは
他者と積極的に交流することで得られる、ある種の信頼や尊敬のこと

「雑談の効果」を高めるためのルール

ルール① できるだけ会って、話をすること

・同僚にメッセージを残したり、メールで連絡を取る代わりに、その人の仕

事場に直接出向き、手が空いているか確認してみる

- 特別に関係を築きたい人がいるなら、顔を合わせて直接話す時間が取れるか確かめる
- 職場の派閥争いにとらわれていると感じるなら、〝新しい人〟と知り合いになる目標を立てる。まずは、「こんにちは」と挨拶をして、その人の職場や服装、優れている点に触れることから始めてみる

ルール❷ スマートフォンや携帯電話は、しまっておくこと

↓ フェース・ツー・フェースで交流することで、「ソーシャルキャピタル」を築ける。

ルール❸ 前に話した会話を〝フォロー〟すること

↓ 誰かと信頼関係を築く最も簡単な方法の1つは、「あなたの話を確かに聞いていた」と、相手に示すこと。

ルール❹「ネガティブな噂話」を広げるのは、避けること

→控えめに話す分には、「ネガティブな噂話」が、職場での人間関係を強化してくれることもある。しかし、日常的に見境なく、噂話をまき散らす人は、「信頼できない」と思われる。「職場のいじめっ子」と見なされ、避けられる可能性も。

ルール❺「ポジティブな噂話」をする人になること

→他の人を褒めると、職場での自分の評価を高めることができるという研究もある。相手がその場にいない時に、褒めるようにする。それを聞いた人はあなたのことを、「職場を大切にし、貢献する人」と見るようになり、「サポートを受けるべき人」として認めるようになる。

「やってはいけない！」ルール

●「ネガティブな噂話」ばかりすること

●スマートフォンや携帯電話をいじりながら話す
●メールだけでコミュニケーションする

Lesson 7

どう、謝るか

私は「ごめんなさい」の言い方を、「ありがとうの言い方」を考える中で学びました。

2年ほど前、私がメンター（助言・指導する人）を担当していたある学生から、過去4年間にわたる私のサポートに対して、長い感謝のメールが届きました。具体的な思い出や感謝の気持ちがたくさん詰まった、素晴らしいメールでした。そんなメールを受け取れば、きっとどんな教師も心揺さぶられる、そんな内容でした。

しかしとても恥ずかしいことに、私は返事を書くのを忘れてしまったのです。同じ日に他の学生が、個人的なことで難しい局面に立たされているという知らせを受けていたので、彼女のことに注意が移ってしまって、感謝メールのことはすっかり抜け落ちてしまったのです。2週間後にそのことを思い出し、返信しなかったことをすぐに後悔しました。失礼だし、相手を軽視している。許されないことでした。

私が返信しなかったことで、その学生が私について書いてくれたすべてのことが、取り消されてしまったように感じました（本当にそうだったか？と言えば、もちろんそんなことはなかったのですが、その時はそう感じたのです）。残念なことに、私はあまりにも恥ずかしくて、すぐに返信して、「もっと早く返信しなくてごめんなさい」と伝えることができませんでした。埋め合わせをしたいという気になるどころか、悪いと感じるあまり、何もなかったふりをしたいという欲求に駆られました。謝る動機となるべき「羞恥心《しゅうちしん》」が、かえって、障害になってしまったのです。

私がこの種の〝罠《わな》〟にはまったのは、この時が初めてではありませんでした。仕事においてもプライベートにおいても、「謝る」ことは、私がいまだにマスターしきれていない勇気ある行動です。それどころか、「やってしまったことが忘れられるといい」と考え、気づかれずにその埋め合わせができないかと、願う傾向があります。申し訳ないと思う気持ちを率直に伝えなかったために、私はたくさんの人を失望させたに違いありません。

「ごめんなさい」と言うのは、難しいことです。私のような（恥ずかしいという）

理由でないとしたら、恐らく別の理由があるからでしょう。弱いと思われたくないから謝らない人もたくさんいます。その裏には、こんな理屈が潜んでいます――謝罪は、自分の弱みをさらけ出すのです。状況によっては、この「弱み」が「弱さ」だと、誤解されてしまうことがあります。

「自分の犯したミスの責任を取らない男性の方が、自分の犯したミスを謝る男性よりも、少なくとも短期的には（そして、不当に扱われた立場の人からでなく、第三者の立場から見た場合には）、力があると思われる」という、米スタンフォード大学のビジネススクールで行われた研究を学んだことを覚えています。この研究結果は、長いこと私の印象に残っていました。

それでいて、それがすべてでないことも確かです。別の研究では、思いがけない人――男性や、地位が高い人――からの心からの謝罪はとても効果的で、高く評価されることが分かっています。謝るべき時に謝ることで、あなたの評判が実際に高まるかもしれないのです。

ある分野では、謝罪することは「個人的な弱さ」を示すものではなく、経済的、法律的な義務と見なされることもあります。「何も認めるな！」。この言葉は、間違いを犯したり、困難な状況に陥った時に、会社の重役や政治家、医師が最初に受けるアドバイスです。責任を認めることは、訴訟への道を開き、望まない結果を呼び込むものだと、多くの人が恐れているのです。

「謝らないこと」が、裏目に出ることも

しかし皮肉なことに、「謝らないこと」が裏目に出ることもよくあります。例えば、過ちを認めようとしない医師は、起きてしまったことを謝罪する医師よりも、医療過誤で訴えられやすいと言われています。

仕事上の関係であろうと私的な関係であろうと、その人（あるいはその関係者）が、「不当に扱われただけではなく、（間違いを犯した）当人に気づかれないまま、その悪い行いがうやむやになってしまう」と感じることが、状況をさらに悪化させます。謝罪がないことで、被害者の怒りの感情や、「不正が行われた」という感情がますますエスカレートし、不正を行ったと認められる人に責任を取らせようとして「訴訟を起こす」といった行動へと駆り立てるのです。

「謝る」メリット

多くの人は（謝罪することで起きる）リスクを恐れますが、謝罪にはたくさんのメリットがあります。

第一に、謝罪をすると、謝罪がない時に募る相手の「憤り」「悪口」「怒り」「復《ふく》讐《しゅう》したいと思う気持ち」を静めるのに役立ちます。間違っている人を、先に（いい方向に）進ませる助けにもなります。自分のミスを隠したり否定することにエネルギーを費やすと、経験から学んだり、その出来事の原因となった「自分の弱さ」を克服することが、一段と難しくなってしまいます。

あるいは、私にその傾向があるように、実際に埋め合わせをしないまま、「自分の犯した失敗を理由に自分を打ちのめす」状況から、抜けられなくなってしまうかもしれません。それとは対照的に、ミスの責任を取る方が、経験から学び、成長し、人間関係を修復して、先に進みやすいのです。

心からの謝罪は、長い目で見ると結果的に、仕事においてもプライベートにおいても、より深い信頼関係をもたらします。誠実で、思いやりのある謝罪をすれば、相手は「理解してもらえた」「高く評価された」と感じるものです。相手が謝罪を受け入れるということは、相手があなたとの人間関係を築こうとしているのです。やがては対立を乗り越えて関係が深まり、将来何か困難なことが起きても一緒に向き合っていける自信を、お互いに強めることができます。

「ごめんなさい」の言い方を、「ありがとう」の言い方から考える

あの学生のメールによって、私は、謝るのが苦手という自分の短所を何とかしようと思うようになりました。そして実際に、「ごめんなさい」の言い方を、「ありがとう」の言い方を考える中で学びました。

2012年、オプラ・ウィンフリー・ネットワーク（米国で有名なTVパーソナリティー、オプラ・ウィンフリーが主宰するTVチャンネル）のために、私は妹と一緒に「サンキュー（ありがとう）ゲーム」というものを作りました。

このプロジェクトの一環として、「感謝を表す方法」を見直すよう求められた私は、感謝の気持ちをしっかりと表すための簡単なルールを考えることになりました。心からの感謝の気持ちが相手に伝わるように「ありがとう」と言うには、どう

したらいいか。ありがたいと感じることで得られる個人的なメリットが増すような「感謝の表し方」はあるのだろうか。相手との絆を強めたい時に、最も効果的な「感謝の仕方」を、科学的に解明できるのだろうか。

この研究で私は、気持ちのこもった「感謝」の仕方には、4つのステップがあるという結論に至りました。

感謝の仕方　～4つのステップ～

1. あなたがありがたいと感じた、相手の行動を評価してください。具体的に考えましょう。——その人は、どんな行動を取ってくれましたか？　何をし、何を言い、何を与えてくれましたか？　その時、相手は何かしらの費用を負担しましたか。

2. 相手がしてくれた行為がなぜ大事なのか、説明してください。相手の行動がなぜ役に立ち、助けになったのでしょう？　それはあなたにとって、どんな影響があったのでしょうか？

3. 相手がしてくれた行為から分かる「その人の性格や長所」を認識しましょ

う。相手のどんなところを評価しているのですか？　何かをしてくれたことだけではなく、「その人そのもの」への評価です。寛大さ、知性、ユーモアのセンス、努力、親切なところなど、相手のどんな性質を、評価していますか？

4．相手との関係にコミットする（相手に約束できる）ことを、言いましょう。

例えば、このガイドラインに沿った「感謝の仕方」は次のような表現になるでしょう。

1．先週は、私のプロジェクトを終わらせるために手伝ってくれて、遅くまで残ってくれたことを、本当に感謝しています。あなたも疲れていて、自分がすべきことをたくさん抱えていることを知っています。

2．1人ではとても完成しなかったと思います。あなたが手伝ってくれたおかげで、いっぱいいっぱいにならず、予定通りに進みました。

3．あなたのように優しく、頼りになる同僚がいることを、ありがたく思っています。

あなたは本当にこのチームの財産です。

4. このお礼をお返しできればと思っています。助けが必要な時は、いつでも教えてください。

こんなふうに「ありがとう」と伝えれば、感謝する側もされる側も気持ちよくなるし、お互いの絆を強めることもできます。あんなにも素晴らしい感謝の言葉をメールしてくれた学生にどう謝ろうか考えている時、「きちんとした謝罪は、きちんとした感謝と同じ要素を持っている」ことに気づきました。謝罪は、「自分が何かし、それが相手にどんな影響を与えたか」に焦点が当てられているだけなのです。

効果的な「謝り方」のポイント

メールなのか、電話なのか、手紙なのか、公の発表なのか、個人的なものなのかといったことにかかわらず、「効果的な謝罪」には、次の要素が含まれています。

1. 「謝るべきことをしてしまった」と、認めましょう。婉曲的な表現を使ったり、遠回しな言い方をしたりしないで、ただ「やってしまったこと（あるいは、しなかったこと）」を言ってください。

2. あなたの行為によって起きた結果や、相手が受けた損害を知ってください。そのことで、相手にどんな影響を与えましたか？　どのくらい損害を与えましたか？

3. その行動や失敗が教えてくれることに、気づいてください。判断ミス、直そうとしている「良くない習慣」、謝るべき行動を引き起こしたことすべてに、気づくことです。

4. 相手との関係にコミットすることを、言いましょう。償いを申し出て、相手があなたに何をしてほしいかを聞き、将来同じ失敗を繰り返さないためにどう努力するか、説明してください。

効果的な謝罪とは、どんなものでしょう？

私が学生から受け取った「感謝のこもった心からのメール」を無視してしまった後、その学生に言った謝罪の言葉を例に、考えてみましょう。

1. 彼女のメールを読み、とても感動したにもかかわらず、すぐに返事を書かなかったことをお詫びしました。
2. すぐに返事が来なかった時の彼女の気持ちを考え、「そのことを考えた」と打ち明けました。
3. 返事を書かなかった非礼を認め、別件に気を取られて返事をしなかったことを伝えました。
4. （その学生の最初のメールに応えるために）彼女との良い思い出を話し、彼女と今後も連絡を取り合うことをどれほど楽しみにしているか、伝えました。

シンプルに、率直に謝罪しました。しかし同時に、自分が少し弱くなったようにも感じました。そしてある意味では、これは私にとっては「謝罪の第一歩」でした。彼女との絆は強く、私が謝った行動は比較的罪の軽いものでした。申し訳なかったと思いつつも、きっと許してくれるだろうと思っていました（そして実際に、許してくれました）。

自分の罪悪感や羞恥心に対処する新しいやり方を試すには、ちょうどいい事件でした。でもこの試みの後、私は他のことや、より重要なことに対しても、できるだけ早く謝るよう心がけました。仕事の締め切りを忘れたり、仕事で同僚を評価することを忘れたり、家族が私のためにしてくれるほど私が家族に何かをしなかったり、夫に対してイライラしたり、といったことに対してです。このことは私にとって、言い訳したり、何かを隠したいと思った時、正直で、勇敢でいられるための重要な「試金石」となっています。

大事なのは、この「4つのポイント」は、謝罪をするための〝心のこもらない〟手っ取り早い方法ではないということです。これは、あなたが本当に償いたい時、信用を取り戻したい時に、どう考え、どう感じたらいいのかを鍛える練習なのです。

たとえ謝ったとしても、謝罪を効果的なものにする、先に書いた「4つのポイント」を飛ばしてしまうことは、よくあることです。何が起きたのか、それが相手にどんな影響を与えたのかをしっかりと認識しないまま、「もう二度とこんなことはしない」と誓ってしまう。「自分の行動の結果どんな被害があったのか」知る代わりに、「なぜそれが起きたのか」と言い訳する。そして「相手は何をしてほしいのか」「何を必要としているのか」について話す機会を与えないまま、自分だけどんどん先に進もうとしてしまうのです。

効果的な謝罪の4つのポイントを考えることで、こうした「よくある落とし穴」を避けることができます。そして失敗を「信頼を築く機会」に変えて、信用を取り戻し、強い絆を結ぶことができるのです。

謝罪のルール

ルール1 謝罪にはリスクだけではなく、メリットもある

↓謝罪しない場合、相手は「憤り」を感じたり、「復讐したいと思う気持ち」を抱いたりしやすい。謝罪は、こうした感情を静めるのに役立つ。

- 謝罪してミスの責任を取ることで、自分の成長にもつながる
- ミスを隠したり否定したりすると、自分の弱さを克服するのがさらに難しくなる

ルール2 効果的な謝罪は、「失敗」を「信用を築く機会」に変える

謝罪することで、より深い信頼関係が生まれる

ルール③ きちんとした謝罪は、きちんとした感謝と同じ要素を持っている

「謝り方」～4つのポイント～

ポイント❶

「謝るべきことをしてしまった」と、ミスを認める。

婉曲的な表現を使ったり、遠回しな言い方をしたりしないで、ただ「やってしまったこと（あるいは、しなかったこと）」を言う。

ポイント❷

あなたの行為によって起きた結果や、相手が受けた損害を知る。

そのことで、相手にどんな影響を与えたか？　どのくらい損害を与えたか？

ポイント❸

ミスを教訓とする。

判断ミス、良くない習慣など、その行動や失敗が教えてくれることに気づ

く。

ポイント❹

相手との関係にコミットする（相手に約束できる）ことを言う。償いを申し出て、相手があなたに何をしてほしいかを聞き、将来同じ失敗を繰り返さないためにどう努力するか、説明してみる。

「やってはいけない！」ルール

- 相手にどんな影響を与えたかをしっかり認識しないで謝ること
- 相手にどんな被害があったかを知る代わりに、起きた理由を言って言い訳すること
- 「相手が何を必要としているか」について話す機会を与えず、自分だけ先に進もうとすること

「感謝の仕方」～4つのポイント～

ポイント❶

ありがたいと感じた「相手の行動」を評価する。

その人は、どんな行動を取ってくれたか？　何をし、何を言い、何を与えてくれたか？　その時、相手は何かしらの費用を負担したか。できるだけ具体的に考える。

ポイント❷

相手の行動がなぜ大事なのか、相手の行動がなぜ役に立ち、助けになったのか。それはあなたにとって、どんな影響があったのか、説明する。

ポイント❸

相手の行動から分かる「その人の性格や長所」を認識する。

相手のどんなところを評価しているか――何かをしてくれたことだけでなく、「その人そのもの」への評価を考える。寛大さ、知性、ユーモアのセンス、努力、親切なところなど、相手のどんな性質を評価している？

ポイント❹
相手との関係にコミットする。相手に約束できることを言う。

Lesson 8

「他人がどう思うか」気にするメリットとは？

私たちはずっと、「他の人がどう思うかなんて気にすることはない」と、教えられてきました。

「他人の意見という雑音によって、自分の内なる声がかき消されないようにしてください」と語ったスティーブ・ジョブズの〝現代のアドバイス〟にしても、「敵意に燃えている人は、悪口を言い続けるだろう」と歌ったテイラー・スイフトの歌詞（「Shake It Off」の一節）にしても、私たちはそう教えられてきたのです。

にもかかわらず、他の人が自分をどう思っているかを気にするのは、人間の本質に関わる部分でもあります。実際、人の脳には、心理学者の言う「社会的認知」というシステムが組み込まれていて、他の人が何を考えているか、考えを巡らすようになっているのです。

他の人がどう思うか気にすることは、成功や幸福の障害にもなる

特に、他の人からの評価には敏感です。人から認められたいと思い、信頼されると自信につながります。批判されれば元気をなくし、拒絶されれば苦しみます。こうした本能を全く無視しようとしても、ほとんど確実に失敗することでしょう。にもかかわらず、他の人がどう思うか気にすることは、成功や幸福の障害になることがあります。次の2つの場合に、そうしたことが起きがちです。

1つ目は、「いい人」ではないと思われるのを恐れるあまり、本当に正しいと思うことをしないで、相手との衝突を避けようとする時。

2つ目は、強く、有能で、賢いと思われたい時。――「もろくて、弱い姿を露呈してしまうかもしれない」と、決断するのを恐れるようになります。ついには、人の考えに必要以上に重きを置き、気にかけることで、問題に巻き込まれてしまうこともあります。例えば、他の人からのネガティブな評価が「真実で重要なことだ」と思い込んでしまったり、自分がすべきことやできることについて、「自分を気にかけてくれる人の方がよく分かっているのではないか」と、信じてしまうのです。

こうした「気にかける」気持ちはすべて、「溶け込みたい」という基本的欲求に根ざしています。こうした欲求はとてもパワフルで心に深く浸透しているため、本当に注意を払うべき「社会的フィードバック」から、私たちを引き離してしまうのです。

例えば私は先頃、エネルギー産業の経営陣のための「リーダーシップ開発」のイベントに参加しました。その時に1人の女性マネジャーが、新しいチームを任された時の話をしてくれました。

男性優位の業界で働く女性として、彼女は自分を任命してくれた上役に「弱い」と見なされることを恐れていました。だから彼女は新しい役職に就くなり、以前のやり方とはかなり違う、「タフで、無慈悲で、厳しいマネジメントスタイル」を取り入れたのです。

彼女のチームの士気は衰え、プロジェクトの業績は伸び悩みました。そこで彼女はチームからフィードバックを受けるようになり、そのフィードバックの内容は、「彼女のやり方は不快で敵対的な職場環境を生んでいる」というものでした。

彼女はこのフィードバックを省み、どちらの意見が重要か、考えざるを得ませんでした。どうにかして自分のイメージが上がるよう期待し、そのために努力すべきか(弱いと思われないよう、強いリーダーであるかのように〝演じる〟か)、それとも、真実で直接的なフィードバックに耳を傾け、チームに対して効果的に働くようなアプローチに変えるべきか。

彼女は、後者を選択しました。その結果、「本当に強いだけでなく、思いやりもあるリーダー」と認識されるようになり、報われたのです(何と言っても、批判に耳を傾け、チームのために今のやり方を変えるには、かなりの強さが必要です)。

どうしたら、「それほど重要でない意見」に振り回されずに、「他人がどう思うか気にかける」ことの〝メリット〟を利用できるのでしょうか。

「他人がどう思うか」を〝正しく〟気にかける方法

❶「すべての人を常に満足させることはできない」という事実を、受け入れてください。

ある人の意見は、他の人の意見より大事なものです。そして私たちは、その人がどう思うかを常に気にしがちです(例えば家族や友人、大切なメンターなど)。しかしその人たちに認められたいと強く思ったとしても、彼らが常にあなたと同じ目標や価値観を共有しているとは限らないことを、覚えておくことが大切です。

例えば、私が今までにもらった最悪のアドバイスの１つは、スタンフォード大学の指導教員からのものでした。働き始めて間もない頃、彼は私の「教えること」に対する情熱を見て、こう注意したのです。「教えることにあまり時間を割かない方がいい。そうすることで、科学的なリサーチを行い、その結果を出版するといった『本当に大事なこと』をする時間や労力を、消耗してしまうだけだから」と。

「この人が私をどう思うか」、とても気にしていました。しかしこのアドバイスをもらった後、彼が「教える」ことについてどう考えているかは、私にとってさほど重要でないことに気づきました。そこで私は、時間をどう使うかについて彼の承認を求めるより、自分の目標を追求することを選びました。

特に愛する人とは、目標が一致しないことがあるかもしれません。彼らはあなたに幸せでいてほしいと思っていますが、同時に、変わらずにいてほしいと思ったり、自分の期待に沿っていてほしいと思っているからです。

例えば私の場合、家族の中でフィラデルフィアから引っ越したのは、祖父母の代から数えて私が初めてでした。「ボストンの大学に行く」と私が決めただけで、家族は最初、愕然《がくぜん》としました。それなのにさらに悪いことに、生まれ育った場所から

3000マイルほど（約4800km）も離れた、スタンフォード大学の大学院に行くなんて！

家族の考え方も理解できましたが、自分の直感を信じようと思っていました。私の選んだ道が、家族全員が共有している価値観である「教育」と一致していると気づいたことも、助けになりました。争いを避けることだけを気にかけ、実家の近くにとどまっていたら、どれだけのチャンスを逃していたことでしょう（そしてさらに重要なのは、私の選んだ道を今、家族が応援してくれているということです――このことは、「人の意見は変わり、自分を信じれば報われる」ことを証明しています）。

❷ 目標を追うべきかについて意見を求めるのではなく、目標を達成するためのアドバイスを求めましょう。

他の人がどう思うかということが、重要な情報源になることもあります。ベンチャー（企業）で、単独プロジェクトで成功することはほとんどありません。人生で大きな仕事をする時は必ず、周囲からのサポートが必要になるのです。自分では気づかない〝盲点〟に気づかせてくれることもあります――自分を縛る先入観や欠点といった盲点に。

大事なことを成し遂げようとしている時に、他の人にアドバイスを求めないのは愚かなことです。他人の意見はとても役に立つこともあります。特に、あなたが挑戦していることや、あなたのためになることを見抜いている友人や同僚の意見は有益です。

正しい質問を投げかけることがカギです。例えば、「この仕事をすべきだと思う？」といった質問を投げかけるのではなく、あなたの目標が何かを知ってもらうことから始めてみましょう。

その仕事をするに当たり、どんな希望や抱負が湧き上がったか、その人とシェアすると同時に、その仕事に就くことで感じる葛藤について話してみましょう。希望や抱負を実行に移すための「最善の方法」や、心配を処理するための「最善の方法」を考えるのを手伝ってほしいと、頼んでみましょう。人生を変えようとしているなら、それがいい考えかどうか聞くのではなく、その変化を実行に移すための「最善の方法」について聞き、サポートしてくれるよう頼みましょう。

❸ 重要な目標にはすべて、自分なりの「成功の基準」を設定しましょう。

自分が望む仕事（やりたい仕事）をしているかどうか、どうやって知ることができるでしょうか。「自分にとって大事なこと」がはっきりしていれば、その基準を満たしているかどうかのサイン（兆候）を、他者からもらうことは、簡単にできます。

例えば私は教師として、学問的な知識を与えるだけでなく、人の人生にポジティブな影響を与える講義をしたいと思っています。学生の習慣や先入観、思考に刺激を与えたり疑問を投げかけたりするのが私の目標の1つですから、授業の合間に「学生が不愉快に感じているのではないか」と、〝気にかける〟ことをやめなければなりません。

実際、すべての授業で、「学生が抵抗を感じるきっかけになるのは、どんなテーマ、演習、課題か」が、分かるようになりました。「学生が抵抗を感じるきっかけになるテーマ、演習、課題」を予想できるし、授業の後に来る苦情や不満のメールも予想できます。私自身や私の授業に対するこうした〝一時的な不満〟は、学びの一環だと思っています。学生が一時的な不満を持つことは、授業をやめる理由にもならないし、「私が最低の教師だ」というサインでもありません。実際、一部の学生が不満を持つのは、「成功の印」なのです――それこそ、常に学生を満足させ、喜ばせることよりも、もっと重要なことです。私が授業のたびに、すべての学生に「自分は正しい」と思ってもらうために、満足してもらおうと一生懸命に取り組んだら、「変化をもたらす講義（変わるための講義）」という私の目標を、違えることになってしまいます。

こうした方法に従ったからといって、「誰かが自分の能力に疑問を呈した時の痛みが和らぐ」わけではないし、「強くていい人だと思われたい」という自然に湧き起こる性質を、消し去ってくれるわけでもありません。でも、「他の人がどう思うか気にする」ことに対して、今よりもうまく対処できるようになります。そして自分の判断と人の考えが一致しなかった時、自分の判断を信じる自信を与えてくれます。

「他人がどう思うか気にする」ことに対処できるようになるためのルール

次の3つのルールを意識すれば、「自分の考え」と「人の考え」が一致しなかった時、自分の考えを信じる自信が生まれる。

ルール❶ **「すべての人を常に満足させることはできない」という事実を、受け入れる**

→誰かに認めてもらいたいと強く思ったとしても、その人にとって重要なことが、自分にとっては重要ではないこともある。

ルール❷ **「目標を追うべきか」について他人の意見を求めるのではなく、「目標を達成するためのアドバイス」を求める**

具体的な行動

・「自分の考えがいいかどうか」聞くのではなく、「最善の方法」について聞き、サポートしてくれるよう頼む

ルール③ 重要な目標にはすべて、自分なりの「成功の基準」を設定する

「やってはいけない！」ルール

次の2つのように「他の人がどう思うか気にする」ことは、成功や幸福の障害になることがある

●「いい人」ではないと思われるのを恐れるあまり、本当に正しいと思うことをしないで、相手との衝突を避けようとすること

●強く、有能で、賢いと思われたくて、「もろくて、弱い姿を露呈してしまうかもしれない」と、決断するのを恐れるようになること。人の考えに必要以上に重きを置き、気にかけることで、問題に巻き込まれてしまうこともある

Lesson 9

「言葉」と「行動」を一致させる

専門課程の一日集中講座を仕切ったある晩、他の講師たちと一緒に輪になって座り、私は愚痴をこぼしていました。北カリフォルニアの美しい太平洋沿岸にある保養研修センターでのことです。

スタンフォード大学「思いやりと利他心の研究教育センター（CCARE）」では、〝思いやり教育〟に関する1年間の認定コースを提供していて、そのコースが始まった最初の週末の初日を終えたばかりでした。

私たちは何カ月もの間、この研修を企画するために時間やエネルギー、精神力を注ぎ込み、受講者に本当に意味のある体験をしてもらおうと準備してきました。コース初日、記憶に残る、元気が出るような瞬間はたくさんありましたが、一方で、問題もありました。

50人の受講者の中の一握りの人たちが、些細なことで不満を言ってきたのです。

1人の女性はグループみんなに対して、「席順が理想的とは言えない」と主張しました。ある男性は「グループディスカッション中に自分の意見を発表する時間が与えられなかった」と、セッションが終わる直前に言うという行動に出ました。

その日の講義について話し合ったり、次の日の予定を立てたりするために夜集まるのが、講師たちの日課の1つでした。いつもは、「うまくいったこと」「うまくいかなかったこと」の問題解決法を認識し、理解することに時間を費やすのですが、この日の夜は1日の疲れもあって、負のスパイラルから抜け出すことができなかったようでした。受講者が自分の欲求不満を抑えられなかったことや、彼らのそうした〝混乱〟がみんなの一体感を育む妨げになったと、愚痴をこぼしていたのです。

こんな〝ガス抜き〟を始めて15分ほど経ったころ、私はある厄介な事実に気づき、衝撃を受けました。私たちが批判していた「受講者がしたこと」と全く同じことを、自分たちもしていたのです。

その日は素晴らしいこともたくさんあったし、ほとんどの受講者は前向きに取り組んでくれたにもかかわらず、自分の持つエネルギーと注意力のすべてを、「イライラさせられたこと」に向けていました。受講者はなぜ、些細な不満ばかりくどくどと言い、「いいこと」に着目できないのか、と。

その時私たちは、自分が教えていたことと正反対のことをしていました。物事の良い面に目を向け、今後の可能性に元気づけられるどころか、了見が狭くなって些細な不満にこだわり、自分自身のマイナス思考によって、自ら士気をくじいていたのです。

自分が語っていた価値観と実際の行動のギャップが恥ずかしくなって、他の講師たちにそのことを話し、より広義の目的に立ち返るために時間を取らないか、と提案しました。

それからは、「お互いをサポートするために貴重な時間をどう使いたいか」という点に気を配り、会話の流れを変えました。そして「受講者全員に明日、最高の経験をしてもらうためには何をしたらいいか」に、もう一度集中しました。

表に掲げている価値観と、自分たちの実際の行動が合うように〝再調整〟できたことはとてもうれしく、おかげで翌日に向けて充電できました。

それ以上にうれしかったのは、「受講者の不満」に対して私たちが不満を言っていたことを、受講者の誰にも聞かれなかったことです。もし聞かれていたら、残り1年間の講習の間ずっと、受講者の講師への敬意は失われ、彼らに助言することはできなかったでしょう。

「言行不一致」は、波及・拡散する

「言葉と行動を一致させること」が、権威や影響力を持つ地位にある人には特に重要だと、様々な研究で明らかになっています。リーダーの言っていることとやっていることが違ったら、「心理的契約（文書化されてはいないがお互いが了解していること。内容が暗黙の了解で結ばれるようなものを指す）」への違反行為と見なされるのです。

リーダーの明らかな偽善行為は、その人への信頼を損ね、権威を失墜させます。実際、たった1つの偽善行為を見られただけで、今まで培ってきた「誠実な人」という評判が、ひっくり返されるほどの威力があるのです。

行動と言葉が一致しないことは、リーダーとしての信頼を損ねるだけではありません。グループのメンバーがその組織をどう捉えるか、ということにまで波及・拡散する効果があります。例えば、上司に「偽善」を見た従業員は、その会社を辞める意思が強まるのです。

スタンフォード大学のビジネススクールの研究でも、リーダーの言行不一致が組織全体の信頼を失墜させることが分かっています。グループ内で地位が高い人に「誠意がない」と見ると、グループの他のメンバーに対しても同じように「後ろ暗い行動を取りやすいのでは」と、疑うようになるのです。例えば、都合のいい勝手な理由で上司が嘘をつくのを目撃した従業員は、「その会社にいる人全員が、人をだますような業務に喜んで従事するのでは」と思う傾向があります。そして同じように、「倫理に反するスタンスを取ろう」と決めてしまうか、あるいは、「企業価値などというものはそもそも守られないものだ」と、決めてしまうかもしれません。

同僚の講師と私が受講者に対して愚痴をこぼし、彼らへの共感を全く欠いていた〝あの時〟を振り返るにつけ、「もしそれを見られていたら、このコミュニティーの信頼をどんなに損ねてしまっただろう」と想像せずにはいられません。自分たちの評価を損なわないためにも、私たちの行動を見ている人に対して「組織としての約束」を守るためにも、教えていることを実践する＝行動と言葉を一致させるべく、最善を尽くす必要があります。

けれども、個人的に「誠実であること」の重要性は、こうした利益やリスクをはるかにしのぎます。私たち個人個人の「言っていること」と「やっていること」が一致しなかったら、自分で自分の首を絞めることにもなるのです。「言っていること」をやっている時、人は強くなれます。

ニセモノを身に着けると、他人も不正をしていると考える

米ノースカロライナ大学の「決断力研究センター」で、驚くべき研究が行われました。ニセモノのデザイナーサングラスをつけると、心理学的にどんな影響があるかという実験です。たわいもない研究に思えるかもしれませんが、実は、「周りに見せていること（＝高価でオシャレなサングラスを買うだけの余裕がある）」と「実際にしていること（＝このサングラスは本物を真似て作ったニセの安物）」という不一致を引き起こす、賢い方法なのです。

研究で分かったのは、ニセモノを身につけると不信感が生まれる、ということでした。「なりすましているもの」と、「本当の姿」とのギャップに気づいている時に持つ、不快な心の状態のことです。この「信頼のない、不信」の感情が、「行動を偽ろう」と、非道徳的な判断を下し続ける原因になります。――例えば、自分の利益のために実績を偽ってしまう、というようなことになるのです。

興味深いことに、ニセモノのサングラスを着けている人は、「他の人も不正をし

たり、ごまかしたりしている」と見る傾向がありました。言い換えれば、自分自身の「信用できない」という感覚・意識が、他人に対しても偏った見方となって出てしまうのです。自分がニセモノなら、他人もニセモノ、というふうになります。これが、言行不一致が引き起こすもう1つのハザード（害）です。「信用できない（ような）自分」をよしとすることで、周囲の人も「信用できない」と思い始めてしまうのです。こうして、周囲を信頼し、周りの人の「いい面」に目を向けることができなくなります。

この「偏った見方」は、他人との関わり方にも影響します。このバイアスがあると、その〝予言（＝偏った見方）〟通りの現実を作り出そうと他者と交流するようになり、「信用されるようなこと」に注意を払わないよう、他者に促すこともあります。

「言行を一致させる」ことは、レジリエンス（精神的回復力）の源

これに反して「言行を一致させる」ことは、目的・意図やレジリエンス（精神的回復力）の源であるだけでなく、組織内の人間関係を強化する方法でもあります。

疲れていたり、注意散漫になっていたり、その方が都合がいい、といった理由から、自分の価値観とズレた行動を取ってしまうことも時にはあるでしょう。理想通りに運ぶのが難しい時は、その理想を諦めてしまうのではなく、むしろ自分の価値観を再確認する機会として生かすことが大切です。

欲求不満に溺《おぼ》れていた研修の時、私と講師たちがしたのは、このやり方です。何が起きているかに気づいた時、その経験を「本当は何を実践したかったのか」思い出す機会にしたのです。——受講者に共感し、「良きこと」に目を向け、コミュニティー作りに集中しました。

自分の理想がはっきりしている時、それに沿って行動することはとても簡単です。決断をするに当たり、どんな基本方針に従いたいでしょう。本当の優先順位は何ですか？　何を達成したいですか？　さらに重要なのは、それをどうやって達成したいのでしょうか。物事を進めていくための拠《よ》り所にしたいのは、どんな価値観ですか。

研究によると、自分の価値観をはっきりさせ、熟考すれば、「道徳的な偽善」は減ることが分かっています。1回やればいいというものではありません。毎日繰り返すことが大事です。

私は毎朝、自分の「コアバリュー（中心としている、大事にしている価値観）」について考えることから始めて、その日の仕事で一番大事な価値観は何か確認しています。今朝は「楽しい熱中」というのが、コアバリューでした。あまりにもスケジュールが忙しく、たくさんのことをこなさなければならなかったからです。時が経つにつれ、「参ってしまう」「腹が立つ」といった感覚に陥るだろうと思ったので、その日の仕事が大切なのはなぜか思い出すよう、事前にコミットしたのです。

スタンフォード大学での私の授業やワークショップでは、「自分の価値観を思い出して」と書かれたシンプルなゴムのリストバンドを学生に配ります。日々思い出すようにとリストバンドを身に着ける学生もいれば、机の上や車のダッシュボードに置く学生もいます。こんなふうに、「言行が不一致だ」ということに気づくのを助け、「自分の理想に背くような決断を下そうとしている」ことに気づくのを助けてくれる〝モノ〟を持つことをお勧めします。

完璧でいることは、不可能です。でも、自分の「意図」を一時的に忘れてしまったことで迎える結末は、変えることができます。不信感や偽善のスパイラルに引きずり込まれるのではなく、「本当に大切なことに再びコミットする」ことができるのです。

言葉と行動を一致させるルール

ルール1 「何をしたいのか」を思い出す

↓ 自分の言葉と行動が一致していないと気づいた時は、「本当は何をしたかったのか」を思い出すことが重要。自分の価値観をはっきりさせると、「道徳的な偽善」は減る。

具体的な行動

- 「本当の優先順位は何か」をはっきりさせる
- 「何を達成したいのか」をはっきりさせる
- 「それをどうやって達成したいのか」をはっきりさせる

ルール❷ 理想通りに物事が運ぶのが難しい時は、諦めるのではなく、「この難局は自分の価値観を再確認する機会だ」と考えることが大切

- 言行を一致させることは、レジリエンス（精神的回復力）の源
- 言行の一致は、組織内の人間関係を強化する方法でもある
- 言行を一致させることは、権威や影響力を持つ人にとっては特に重要。リーダーの言行不一致が「組織全体の信頼」を失墜させる恐れがあるからだ
- 〝偽ブランド〟を身に着けると、自分に対しても他人に対しても不信感が生まれる
- たった1つの偽善行為が、「誠実な人」という評判を覆す可能性がある

ルール❸ 毎日「自分の価値観」を思い出す

↓ 毎日、自分の「コアバリュー（大事にしている価値観）」を思い出し、さらにその日の仕事で一番大事な価値観を確認することが大切。そうすることで、「自分の理想に背く決断を下す」のを防ぐことができる。

具体的な行動

例 忙しいと、大事なことを忘れがちになる。そんな時は、朝一番に「今日一番大切なこと」「今日一番価値あること」を確認する。ゴムのリストバンドに「自分の価値観を思い出して」と書いておくのも、1つの工夫。

「やってはいけない！」ルール

●自分の価値を確認せず、自分の価値感とズレた行動を取ってしまうこと

Lesson 10

チームに貢献するコミュニケーション

スタンフォード大学では、ほとんどの米国人学生が「自分は理想的な学生だ」という〃神話〃を抱いて入学してきます。私は彼らのことを「絶え間ない貢献者」と呼んでいます。彼らは授業中に頻繁《ひんぱん》に発言することで、自分たちがいかに賢く、授業に真剣に取り組んでいるかを見せることが重要だと信じています。

彼らのそうした「貢献」は、教授や他の学生を感心させる絶好のチャンスと見なしているのです。彼らが質問をするのは、本当に疑問があって質問したいからではなく、そうすると賢そうに見えるから、という場合もあります。

対照的に多くの外国人学生は、全く違った〃理想的な学生像〃を抱いて入学してきます。彼らは「お行儀の良い目撃者」であることが理想的な学生の姿だと思っていて、自分が発言するよりもほかの人の話を聞くことで、より多くのことが学べると考えています。自分の発言で教授の話を中断させることに抵抗を感じたり、目立つことにそれほど興味がなかったりする場合もあります。

「頻繁《ひんぱん》に発言する」米国人学生、「人の話を聞く」外国人学生

米国人学生、外国人学生、どちらのアプローチにも一定の価値はありますが、どちらも、本当に理想的な方法ではありません。最も多く発言する学生は「自信がある」という印象を人に与えますが、クラス全体の学びという意味では、ほとんど貢献していません。彼らがしている貢献とは、実は自分のためのものです。自分を賢く見せ、課題の本を確かに読んだと周囲に印象づけ、自分の意見で他の学生を説得する、という「自分のニーズ」を満たすためなのです。

一方で、礼儀からか、自信がないからか、単に習慣からか、何らかの理由でほとんど意見を言わない学生も同様に、クラスにしっかりと貢献しているとは言えません。「聞くことによってより多くを学べる」ということは確かにありますが、沈黙すると孤立してしまうからです。他の学生が彼らの意見から何かを得ることもありませんし、自己主張が少なければ、教授に自分のことを知ってもらうこともありません。議論を一方的に支配する学生に比べたら「良き市民」と言えますが、誇張の

ない心からの質問やコメントを通して自分の存在感を示す学生が周囲と築くような関係を、築けないのです。私にはそれが分かります。私自身、まさにそうした「静かな学生」だったからです。

大学院生だった頃、私が授業や研究会議の場で発言することはほとんどありませんでした。学生だけでなく、複数の教職員が出席する会議の場では特にその傾向が強くなりました。例えば、私は心理学部の博士課程で5年間学びましたが、当時、心理学専攻の学生や教職員が全員参加する「パーソナリティーセミナー」という会議が毎週開催されていて、私はその会議に出席しなければなりませんでした。

約30人が会議室に集まり、大テーブルを囲んで座りました。「ゲストスピーカー」を招くことがほとんどで、他大学からの専門家がよく招かれていました。彼らの研究発表が終わると、ディスカッションの時間となりました。

大学院生としてこの会議に参加した最初の3年間、私は質問やコメントを一切しませんでした。他の学生は発言していましたが、必ず発言しなければいけない、というわけでもありませんでした。時には「これは発言したほうがいいかも」と思うこともありましたが、そんな時には心臓がドキドキと高鳴り始め、緊張して発言できませんでした。先輩教員が考えていることに異議を唱える形になってしまうかも、と思ったりもしました。私の意見が「見識のある内容」でなかったらどうしよう、とも考えました。

ある日、その定例ミーティングに参加していた教授の1人と話をしていました。私は彼女の人格心理学の授業の助手（ティーチングアシスタント）をしていました。最近のゲストスピーカーについて雑談している中で、私は自分の考えを彼女に話しました。すると彼女はこう言ったのです。「ケリー、パーソナリティーセミナーで全く発言しないのはなぜなの。あなたのものの見方、考え方は素晴らしいのに」。

「パーソナリティーセミナーで私が発言していない」と、彼女が気づいていたことに驚きました。静かにしていることで、目立たない存在になれると考えていたので、教職員が私の沈黙に気がついていたなんて、思いもよりませんでした。自分がばかな発言をしたらどう思われるか、心配しすぎていたのです。

「発言しないこと」自体が、メッセージを放つ

何も発言せず、その場に貢献しないことは、「研究仲間との関係を自分がどう見

ているか」を、自分自身で語っていることと同じなのだ、と気づいたのです。意図的ではありませんでしたが、私は「何か発言してその場に貢献する必要があるとは考えていない」というメッセージを周囲に伝えていたのです。私の課題は、その場に貢献するために「発言する」勇気を出し、「自分は研究者仲間の一員である」と、伝えることでした。

その次の週、私は自分自身に目標を課しました。「ゲストスピーカーが誰であろうと、何か質問するか、コメントするかしよう」と。そしてその通りに実行しました。緊張しましたし、巨大なスポットライトを浴びている気分でしたが、うまくいきました。

さらに次の週、同じ目標を課し、そしてまた発言しました。今度は前より楽にできました。これを、その年の年末まで続けました。頭が良さそうに見えることや面白いことを発言しているか考えるよりは、その時のスピーカーが私の質問やコメントを喜んでくれるかどうかについて、考えるようになりました。私の発言を通して、講師がより深く考え、私たちともっと多くのことを分かち合うことができるきっかけになっているか、考えるようになったのです。

私が助手をしていた教授は、そのことに気づきました。私がパーソナリティーセミナーで発言するようになったことをとても喜んでくれて、感動したと言ってくれたのです。大学院に在籍して4年目には、「発言しよう」と自分に目標を課す必要はなくなっていました。その頃には、質問やアイデアが浮かんだ時に、以前よりずっと自然に発言できるようになっていました。教職員たちと非常に良好な関係を結んでいることにも気づきました。

私が以前より自己主張できるようになり、消極的でなくなったのは、「発言することに対する自分の意識」を変えたことが大きかったのです。発言せず黙っていた時は、自分が他人にどう見られているか、とりわけ、私より知識が豊富な人や目上の人にどう見られているかを気にしていました。私がコメントすれば、私を判断したり批判したりするきっかけを彼らに与えてしまうと考え、私のコメントが「グループ全体が何かを経験するために貢献できる」きっかけになる、という意識は持っていませんでした。

このことについては、私の授業を受講している学生の多くが、同じ考え方をしているように見えます。彼らは、自分のパフォーマンスだけに焦点を当てています。そうなると、「自分が貢献することがクラス全体の学習体系にどれだけ役立つか」という大きな視点で、物事を捉えられなくなってしまうのです。

定例ミーティングでの自分の役割を、より大きな視点で捉えることができた時、「貢献すること」が自分の責任なのだと気づきました。そのことに気づくと、自分より経験豊富な人や目上の人がいる場でも、「私の意見はここで持ち出すほどのものではない」と考え、引っ込めてしまうことができなくなりました。発言し、その場に貢献することでこそ、私は完全にそのコミュニティーの一員となれたからです。

教師として、メンターとして、最も重要な私の役割は、すべての学生が完全にコミュニティーの一員になれるよう、手助けすることだと考えています。私の仕事は、誰が上手に発言するか、評価することではありません。すべての声が届くような〝場〟を作ることが、私の仕事なのです。

この〝仕事〟を実現する1つの方法として、私はクラスの参加方針を決めています。私が教える授業では、クラスの規模の大小を問わず、「意識的な貢献」という方針を実施しているのです。授業の初日に、次の3つのことに注意を払うよう、学生に求めます。

チームに貢献するための「3つのポイント」

❶ 授業中、どのくらい発言していますか？

あなたはクラスで、ほとんど何も発言していませんか？ それとも、すべての授業で発言していますか？ 他の学生と比べて、どのくらい発言していますか？

❷ 発言する内容を、どう選んでいますか？

あなたが質問する時、本当に疑問に思ったり、興味があることについて質問していますか？ それとも、何か意図的に質問しているか、あるいは他の人を威圧するために質問していますか？ 独創的な視点を提案するために質問することが多いですか？ それとも、他の人の視点について説明を求めることが多いですか？ 問題を指摘する傾向がありますか？ それとも、解決策を示す傾向にありますか？

正解があるわけではないけれど、「自分がなぜ発言するのか」、その〝動機〟を理解しておくことが大切です。最も素晴らしい発言者は、自分の興味や利益のためだけではなく、グループ全体のゴール（目的）のために発言する人です。

❸ 他の人に貢献するために、どんな状況を作り出していますか？

あなたの存在や、あなたがクラスにした貢献が、他の人の発言を促していると思いますか？　あるいは逆に、あなたの存在や、あなたがクラスにした貢献が、他の人の話す気力を削いでいると思いますか？　攻撃的なコミュニケーションは、他の人から話す気力を奪い、グループにとって最悪の結果をもたらします。前向きなコミュニケーションは、他の人を勇気づけ、グループをより生産的な方向に導きます。あなたが発言する時、自分の発言がどちらに働いているか、気をつけることが大切です。

片方に「沈黙してしまう」、片方に「発言したがる」という〝貢献の範囲〟があるとしたら、自分がその範囲のどの位置にいるか考えるよう、学生に求めています。そして、できるだけその範囲の「真ん中」に近づくことが、あなたたちのすべきことなのだ、と伝えています。議論を支配したがる学生は、より良い聞き手になる方法を学ぶ必要があります。ほとんど発言せず、クラスに貢献しない学生なら、〝安全地帯〟から一歩踏み出し、発言の機会を探すことが、その人のゴールになります。

本当の「理想的な発言者」は、この2つの役割の間を上手に行ったり来たりする方法を知っています。彼らは、他の人の声が聞かれるよう発言の場を譲ることができると同時に、有益な考えがある時には勇気を持って発言できる人なのです。

先にあげた3つの「意識的な貢献」の作業は、私が担当するすべての授業において重要なポイントなのですが、MBAの学生は、このバランスが本当に悪いことに気づきました。このクラスの典型的なやり方は、〝支配〟しようとすることでした。ゲストスピーカーに一番に質問し、他の学生の意見に異論を唱え、批判するのです。だから私はMBAの学生に、発言するだけではなく、沈黙することも、評価の一要因になると言いました。

私は彼らに、「リーダーシップの資質の中には、属している集団に対するあなたの態度も含まれますよ」と説明しました。それは例えば、「他の人が行う貢献にも興味を持っています」とサインを送ることだ、と。あなたのボディーランゲージはどんな感じですか？　他の人が話している時、どんなふうに注意を払っていますか？　他の人が話している時、あなたの表情は相手にどう伝わっていますか？

あまりにも多くのMBAの学生が、「授業に参加するにあたり重要なのは、自分が注目の的になって、質問し、意見を述べている時だけだ」と信じています。ところが実は、人はあなたが発言している時だけでなく（発言していない時も含め）、すべてに注目しているのです。あなたが「発言する」ことよりも、「沈黙」して「積極的に聞く態度を取る」ことの方が、グループの役に立つことがあります。どれだけ頻繁に発言したかではなく、ボディーランゲージを使ったり、進んで沈黙を守ったりすることで、MBAの学生がリーダーシップを発揮するための様々な気づきを得られることを願っています。彼らが学生でなくなり、マネジャーや役員、管理職として働く時には、「他者の一番良いところを引き出す能力」によって評価されるのであって、「自分の優秀さを示す」ことによって評価されるわけではないからです。

言葉ではなく、態度によって「人から認められる」

「意識的な貢献」が、コミュニケーションにおいてどれだけ重要な役割を果たすか、よく考えてみてください。発言を期待されたり、求められたりした時、それがどんな状況でも、先に述べた3つの「意識的な貢献」についての質問に自分がどう答えるか、よく考えるのです。どのくらい発言しますか？　発言する内容を、どう選んでいますか？　他の人に貢献するために、どんな状況を作り出していますか？

こうした「より大きな視点」で、グループの中での自分の役割を捉えれば、本当の意味での貢献を妨げている「性質《たち》」のいくつかを克服できるようになります。そしてその時、あなたは言葉によってだけではなく、その態度によって周囲から認められるようになるでしょう。

チームに貢献するコミュニケーションのルール

ルール1 チームに対する〝意識的貢献〟を重視すること

↓「自分のことをアピールするために会議で発言すること」は、チームへの貢献ではない。同じように、「自信がないから」とか「控えめにしていたいから」という理由で「発言を控える」ことも、チームへの貢献ではない。

具体的な行動

- 「自分のパフォーマンス」のために発言しない
- 「グループ全体のゴール」のために発言する
- 「自分がなぜ発言するのか」、その動機を理解しておく
- 「自分の発言が他人を勇気づけているかどうか」に、気を配る

ルール2 積極的に「聞く」こと

具体的な行動

・「ボディーランゲージ」も、チームへの貢献
・相手の話を聞き、相手の良いところを引き出すことで、チームに貢献する
（管理職なら、部下の話を聞く）

「やってはいけない！」ルール

●自分のことだけを考えて発言すること
●目立ちたいために、発言すること

第3章

やる気(モチベーション)を、どう出すか

やる気とは

「なくしたり、使い果たしたりする」ものではない!

〝考え方1つ〟で、簡単に湧いてくる

Lesson
11
やる気（モチベーション）をどう高めるか

「あの人にはやる気がないんだ」という言葉をよく耳にします。上司が「成果が出ない部下」に対して、親が子供に対して、あるいは自分自身に対して言っていることもあります。「やる気があるようには思えない」と、まるでやる気（モチベーション）が「なくなってしまうもの」であるかのように言うのです。

やる気が「ある」「ない」というのは幻想

やる気とは、「ある」もの、あるいは「ない」ものなのだと、多くの人が考えています。やる気があるか、ないか。そのどちらかだと。あるいは、使い果たしたり、切らしたりするものだと考えているのです。しかし心理学の世界では、「やる気とは、ものではなく、ましてや、なくしてしまえるようなものでもない」ことが分かっています。人間は常に、強い意欲・やる気を持っているのです。

やる気がないのは、「具体的な方法が見つけられない」だけ

「仕事をやる気が起きない」と不満を言う時は、大抵の場合、自分が持っている強い意欲・やる気を満足させる具体的な方法を見つけられないだけなのです。そうした欲求が満たされないために、仕事をしようとするエネルギーがなくなってしまうように感じます。

すべての人が持っている「最も基本的な、前向きなモチベーション」は、次の3つです。

❶**関係性**＝他者やコミュニティー、大切にしている大きな目的・目標とのつながりを感じること。

❷**自主性**＝人生の質を左右するような行動や選択を自由に取れること。自分の意思で取った行動や選択が、大切にしていることと一致していれば、目標を達成する助けになる。

❸熟　練＝取り組んでいることに対する能力があり、貢献できるものがあることが自分でも分かっていて、個人的に満足できるような上達や学びがあること。

こうしたモチベーションが満たされた時、人はますます幸福感を味わい、さらに健康になり、人生に満足するようになります。そして仕事がこうした欲求を満たすのに役立つ時、「やる気がある」と言うのです。

こうした「根本的で、前向きなモチベーション」に加えて、人間は、とても強い、相反するモチベーションに突き動かされることもあります。「不快なことを避けたい」「すぐに満足したい」という、相反する欲望です。これは基本的な生存本能に基づくモチベーションで、根本的な人間の要求を満たすことと関係のある「大きな意義や幸福」よりも、「その瞬間の痛みや喜び」に焦点が当たっています。

仕事で「やる気が出ない」と感じる時、大抵の場合は、自分の根本的な欲求の1つ、あるいは複数の欲求が職場で妨げられている（阻害されている）と感じているものです。根本的なモチベーションが満たされないために、「ラクになりたい」「すぐに満足したい」という〝相反する衝動〟が、一層顕著になります。「関係性」「自主性」「熟練」を経験する具体的な方法が見つけられないと、不必要な努力やストレスを避けたいと、さらに強く思うようになるのです。不快なことを避けて、喜びを最大限引き出そうとする「基本的な衝動」が優位になってしまう。「やる気をなくした」というのは、多くの場合、この状態になっていることを指します。月曜の朝、出勤するのが怖くなり、うんざりしてしまって、ほかのもっと楽しそうな「気晴らし」にふけって、仕事を先延ばししたりします。

対照的に、仕事への努力やストレスが、少なくとも「根本的で前向きなモチベーション」の1つとつながっていると感じた時、その仕事が耐えられるものになるだけでなく、やりがいのあるものにもなります。実際、根本的な欲求が満たされると、ある種の特別なエネルギーが解き放たれるようなのです。——身体が活性化する感覚、楽観的になる感覚、意欲など、「やる気をなくした」と言う時に、多くの人に欠けているエネルギーです。

「自分の能力」「人との関係性」「自主性」といった欲求を満たす仕事や職場、同僚を持つのは、言うまでもなく理想的なことです。しかし、必ずしもそうとは限りません。やる気がない人のほとんどが、「職場は自分の欲求を満たしていない」と言うでしょう。孤立していて、不当な扱いを受けていると感じ、社内政治に意気消沈しています。自分たちは支配され、細かく管理されていて、自分で選んだわけでもない方針や手続きにがんじがらめにされていると感じている。あるいは、自分自身の挫折や成長のなさに、イライラしているのです。仕事をするうえで、根本的なモチベーションが1つも満たされていないなら、問題です。しかしそれは、「やる気がない」こととは全く違うのです。そして、そうした欲求を満たすためにできることが何もないわけではありません。

やる気不足が問題なのではなく、「自分の欲求を満たす方法を見つけることが大事なのだ」とひとたび気づけば、本当の問題に取り組むことができるようになります。なぜなら、たとえ仕事に満足できなくても、仕事に対する考え方や、仕事への取り組み方を変えることで、そうした要求を満たすことができるからです。

「ジョブ・クラフティング」の手法を使う

そのための1つの方法が、「ジョブ・クラフティング」です（「やらされている感覚のある仕事」を「やりがいのある仕事」に自ら変えていく手法。従業員が自分の関心事や強みを生かしながら仕事を作り変えていくことで、モチベーションが高まり、質の高い仕事ができる効果があるとされる）。

ジョブ・クラフティングの裏にある意図は、「満足感を高め、貢献度を最大にするために、小さなことから自分の仕事を変えていく」ことです。その〝変化〟は、あなたのすること、そのやり方の中にあります――ＴｏＤｏリストに書かれた仕事に始まり、ＩＴ技術の使い方、誰と時間を過ごすかといったことに至るまで、「時間の使い方」を少しだけ変えるのです。作業スペースを整理したり、特定の作業をするために新しい場所を探したりというような、就業場の「ほんの些細な変化」も含まれます。

ジョブ・クラフティングについての調査によると、仕事への考え方を変えると、最も意味のある変化を生みやすいことが分かっています。具体的には、仕事や仕事上の人間関係について考える方法を見つけることを、意識的に、先に挙げた３つの「根本的なモチベーション」を満たす方法と考えることです。

次の３つの質問は、仕事について自分自身に問いかける内容です。１つでも満足のいく答えを見つけることができれば、もっとやる気になり、エネルギッシュになったと感じられるはずです。３つすべてに対して対策を講じることができれば、仕事への関わり方を変えることができるでしょう。

やる気が起きるカギになる「3つの質問」

❶職場で一番大切な人間関係は何ですか。その関係を深めるために何ができますか。職場での人間関係をじっくり考える他の方法は、同僚を知る機会を進んで探し、後輩を指導し、仕事で出会う人の役に立つようにすることも含まれます。

❷仕事で、あなたの個人的な貢献によって支えられている「目的」「ビジョン」「大きな計画」は何ですか。
言い換えるなら、メールに返信したり、報告書を提出したり、数字を計上したり、会議に参加したりする時、その作業の裏にある「なぜ」に対する一番いい説明は何ですか。特に、恐ろしくストレスが多く、平凡な日常的作業では、この種のことを考えることが、職場での自主性を高めます。

❸自分のキャリアをどう育て、どう伸ばしたいですか。そうするための一番手っ取り早い方法は何ですか。

この問いに答えるカギは、具体的に考えることです。何かを選択したらすぐに、上達したいと欲しましょう――コミュニケーションであろうと、時間管理であろうと、チームマネジメントであろうと――日々の仕事を、学びや成長の機会と捉えるのです。自分をよくするために目標や課題を設定するのですから、上司の許可は特に必要ありません。とはいえ、仕事でどう自分を磨き、前進したいかについて「はっきりした目標」があるなら、サポートを受けることができるでしょう。

「関係性」について、マインドセット（考え方）をリセットする私のお気に入りの方法は、監査人の仕事をしているある学生から教えてもらったものでした。彼女の仕事の大部分は、様々な職場へ出向き、規則や法令を順守しているか、確認することでした。行く先々でその職場の従業員が彼女を敵対視したので、彼女は仕事へのやる気をなくしていました。

そこで彼女は「それぞれの職場の従業員が各人の職務を全うできるよう、規則や法令を守る手助けをしよう」というふうに、自分の役割を見直すことにしました。すると驚いたことに、自分は敵対する存在ではなく、手助けする存在だと考えるようになったことで、他の人の「彼女への接し方」が変わったのです。さらに驚いたことには、彼らはこれまで以上に彼女を信用するようになり、修正されるべき違反事項についても、進んで開示するようになりました。

彼女は、職場での関係性・絆をこれまで以上に感じるようになったばかりでなく、監査先の職場の従業員との関係について考え方を変えることで、仕事がやりやすくなったのです。そして彼女自身が〝熟練〟したこと——自分は有能であることを知り、他者に貢献し、個人的に満足できるような上達や学びを経験したこと——で、「他の人が目標に向けて成功し、成長できるよう」手助けできるようになったのです。

Lesson 11 のポイント

「やる気」を高めるためのルール

ルール❶ やる気が「ある」「ない」というのは幻想

↓ 心理学の世界では、「やる気とは、ものではなく、ましてや、なくしてしまえるようなものでもない」ことが分かっている。人間は常に、強い意欲・やる気を持っている。

すべての人が持っている「最も基本的な、前向きなモチベーション」

❶ 関係性

他者やコミュニティー、大切にしている大きな目的・目標とのつながりを感じること。

❷ **自主性**

人生の質を左右するような行動や選択を自由に取れること。自分の意思で取った行動や選択が、大切にしていることと一致していれば、目標を達成する助けになる。

❸ **熟練**

取り組んでいることに対する能力があり、貢献できることが自分でも分かっていて、個人的に満足できるような上達や学びがあること。

ルール❷ やる気がないのは、「具体的な方法が見つけられない」だけ

↓

「仕事をやる気が起きない」と不満を言う時は、大抵の場合、自分が持っている強い意欲・やる気を満足させる具体的な方法を見つけられないだけだ。そうした欲求が満たされないために、仕事をしようとするエネルギーがなくなってしまうように感じる。

具体的な行動

- 「自分の欲求を満たす方法を見つけることが大事なのだ」と気づく

↓ そうすれば、「仕事に対する考え方」「仕事への取り組み方」を変えることで、自分の要求を満たすことができるようになる。

ルール❸ 「ジョブ・クラフティング」の手法を使う

「ジョブ・クラフティング」とは

↓ 「やらされている感覚のある仕事」を「やりがいのある仕事」に自ら変えていく手法。従業員が自分の関心事や強みを生かしながら仕事を作り変えていくことで、モチベーションが高まり、質の高い仕事ができる効果があるとされる。

具体的な行動

- やっていることを、少し変えてみる

例
- 「時間の使い方」を変えてみる
- 作業スペースを整理してみる

・特定の作業をするために新しい場所を探してみる

ルール④ 仕事への考え方を変えてみる

↓ 目標達成は自分1人だけで行う必要はない。自分を大切に思ってくれる人に目標を知ってもらって、助け、励ましてもらう。

具体的な行動

・「仕事」「仕事上の人間関係」について考える

↓ 「仕事への関わり方」を変えて、次の「やる気が起きるカギになる3つの質問」について、具体的な答えを考える。そして何かを選択したらすぐに、上達したいと欲すること。

やる気が起きるカギになる「3つの質問」

❶ 職場で一番大切な人間関係は何か。その関係を深めるために何ができるか。

職場での人間関係をじっくり考える他の方法は、同僚を知る機会を進んで探し、後輩を指導し、仕事で出会う人の役に立つようにすることも含まれる。

❷仕事で、あなたの個人的な貢献によって支えられている「目的」「ビジョン」「大きな計画」は何か。

言い換えるなら、メールに返信したり、報告書を提出したり、数字を計上したり、会議に参加したりする時、その作業の裏にある「なぜ」に対する一番いい説明は何か。特に、恐ろしくストレスが多く、平凡な日常的作業では、この種のことを考えることが、職場での自主性を高める。

❸自分のキャリアをどう育て、どう伸ばしたいか。そうするための一番手っ取り早い方法は何か。

「やってはいけない！」ルール

●「やる気があるようには思えない」と、まるでやる気（モチベーション）が「なくなってしまうもの」であるかのように思う

Lesson 12

新年の目標設定

新しい年の始まりに、個人的な目標や仕事の目標を設定する人も多いでしょう。にもかかわらず、すぐに目標を断念してしまったり、間違った目標を設定してしまったり、目標を達成するための戦略を立てるのに失敗してしまう人が大勢います。

私は、新年の目標を設定したいという〝本能〟(強い思い)をできるだけ活用するにはどうしたらいいか、長いこと考えてきました。次に書く4つのポイントは、新年の抱負を設定するプロセスを、もっと意味のある、効果的なものにするにはどうしたらいいかについて、私が学んだことです。

理想的な「新年の目標」に見られる特徴は、次の4つです。

理想的な「新年の目標」のポイント

❶新しい年に「どう成長したいか」を考える

目標を設定する際、それが仕事であれ個人的なことであれ、昇進や仕事上での具体的な業績といった「何らかの成果を達成すること」を目標にしがちです。そうした成果は自分でコントロールできるものではありませんから、そのこと（成果を出すこと）に焦点を合わせすぎると、〝本筋〟から外れてしまうことがあります。

そうした成果は、自分にとって意味がある何らかの形で、変化や成長の結果として後からついてくる、ぐらいに考えておく方がいいのです。「何を達成したいか」ではなく、「誰のようになりたいか」「どんな自分になりたいか」を、自分に問いかけてみてください。

何か特定の成果が繰り返し頭に浮かんできたら、「どんなプロセスでそこにたどり着けそうか」「どんな選択が必要か」「自分のどの部分を強化したらいいのか」、自分に問いかけるのです。

❷「なに」の前に、「なぜ」に焦点を当てる

〝良い目標〟には必ず、「行動する」というコミットメントが伴います。つまり、あなたが目標に近づくためにしようとする、何かしらの行動のことです。ただ、その行動を起こそうとする前に、あなた自身がなぜそれをするのか、その意義をきちんと理解しておきましょう。

まずは、大きな「なぜ」から始めてみてください。なぜその変化を起こしたいのか、なぜそれを達成したいのか。「なぜ、自分はそうしたいのか」と繰り返し自問することは、楽しくて役に立つ〝エクササイズ（練習）〟です。

例えば、その問いへの最初の答えが「別の仕事に移りたいから」だとしたら、今度は「なぜ別の仕事に移りたいのか」、自問してください。そしてその答えが「今のポジションにいるより、もっと昇進する機会があると感じたいから」という答えならば、「なぜ昇進したいのか」と、自分に問いかけてみるのです。

この自問自答を何度か繰り返すと、ほとんどの人が、本当に大きな「なぜ」と感じられるような〝何か〟に行き当たります。それは、より大きな自己決定や貢献、意味への欲求だったり、新しい経験やチャレンジ（挑戦）に向かう能力だったり、もっと自由になりたい、もっと安定した生活がしたい、といった感覚だったりと、

様々です。

これ以上「なぜ」と聞くことができないところまで、「なぜ」と問い続けてみてください。そうすれば、あなたの目標の裏に隠れている大きな「なぜ」に突き当たります。「その〝変化〟を求めている『深層心理にあるモチベーション』が何かを突き止められれば、目標によりコミットできるようになるだけでなく、その目標を諦めることが少なくなる」と、研究で明らかになっているのです。

❸ 具体的な行動目標を設定する

目標を達成するには、大きな「なぜ」を小さな「なに」に落とし込む必要があります。あなたの「なぜ」を反映していて、かつ、あなたの目標と一致している、具体的な選択や行動は何でしょう。そうした〝小さなこと〟から始めてみましょう。

大きな目標を達成するために具体的にどうしたらいいか分からない時、私たちは苛立ちを覚えます。自分が今やっていることが、自分の求めるところにどうつながっていくのか、想像できないからです。一度に大きな一歩を踏み出そうとした結果、疲れ果ててしまったり、精神的に参ってしまったりすることもあります。

もし本当に新年の目標から離れずにいたいのであれば、その目標に近づくために考えられる〝最も小さな一歩〟を踏み出すことから始めてもいいのだと、自分に言い聞かせてください。その小さな一歩が「今日あなたがしていること以上の何か」である限り、正しい方向に進んでいるのです。たとえ「これは十分でないような気がする」と感じたとしても、あなたの大きな夢に合った〝小さな一歩〟を選んでみてください。目標を達成するのに役立つことで、今日あなたが10分間でできることがあるかもしれません。

小さく始めることの極意は「〝最初の一歩〟は不十分でもいい」ということです。とりあえず始めてみることが、大きな歩みを可能にするのです。小さな行動を取ることは、得てして大きなチャンスに導いてくれます。

❹サポートを受ける

時に私たちは、新年の抱負や個人的な目標を自分の力（能力）の範囲内でできることに決めてしまいますが、目標達成は自分1人だけで行う必要はありません。いったん目標を決めたら、どんなサポートを得られそうか、考えてみてください。どんな情報や力が必要でしょうか？　その変化（目標）の手助けとなるような何か、例えば、何か研修を受けるといった、そんな経験をすることはできませんか？

私は仲の良い同僚や家族など、自分にとって大切な人と、自分の目標についてよく話し合います。自分を大切に思ってくれている人に目標を知ってもらうことは、大きな助けになると思っています。そうすることで、その1年を通して、彼らが私をサポートしてくれます。人生の中で、あなたを助け、励まし、時には一緒になって取り組んでくれるのは誰でしょうか。

今年の仕事上の私の主な目標は、私が敬意を払っていて、もっと世の中から評価されるべきだと考えている組織や個人に、私自身が仕事で浴びている注目の一部をシフトさせることでした。過去数年間の仕事の中で、最も意義があり、満足感が高かったことを振り返ってみた結果、そうした目標にたどり着いたのです。私にとって人をメンタリングする（対話による気づきと助言を行い、相手の自発的な発達を促す）ことが、自分にとっての一番の〝報酬〟になっていると気づきました。5年ほど前、「人をメンタリングするための力をつけること」を新年の目標にしたことが、今年の目標設定の原因の1つになっていることにも、気づいていました。

私にとっての大きな「なぜ」は、「自分が信じる人をサポートできたらどんなに気持ちがいいだろう」ということでした。そのマインドセット（心の持ち方）を、それまで学生のためにしていた「伝統的な手法のメンタリング」を超えて、1つの組織やプログラムの繁栄を手助けする役割を担えるようなものにまで、広げたかったのです。

この目標を達成するための「なに」は、講演したりインタビューを受けたりする時に、自分が好ましく思っている団体について触れたり、自然な形でそうした団体に注目がいくようにする、と、自分で決めて実行したことでした。これは私にできると分かっていた〝小さな行動〟で、実行するたびに、自分の大きな「なぜ」の感覚を楽しむことができたのです。

こうした〝小さな行動〟は、さらに大きな目標を見つける助けにもなりました。例えば、ある団体に対する私の思いをインタビューや講演で話した結果、その団体から「活動に積極的に参加してほしい」と、請われたことがあったのです。そしてそのグループのリーダーシップについてアドバイスするという形で、メンターの役割を実際に担うことができました。

私は新年（来年）の仕事上の大きな目標をまだ設定していませんが、考えるプロセスを楽しみにしています。「正しい『なぜ』を見つけ、少なくとも1つの小さな『なに』を決めれば、有意義な形で成長していける」ことを信頼すればいいと、知っているからです。

新年になる前にする「5つのこと」

新年の目標を設定することに加え、去りゆく年を祝し、次の年に入る準備をするために私が好んでやっている、いくつかの〝儀式〟があります。こうした儀式を、目標設定の儀式と取り替える必要はありません。実際、こうした儀式は、意義があり、すぐに実行可能で、希望にあふれた、より良い目標設定をする助けになります。

❶思い通りにいかなかった難しい出来事も含めて、「今年起きた一番好きな思い出や功績」をリストアップする

研究によると、「自分の強みを思い起こすことで将来の忍耐力と意志の力が強められ、過去を振り返ることで将来の幸せが増す」ことが分かっています。

将来の目標について考える時、私たちは「過去に自分がどれだけ至らなかったか」という点にフォーカスしがちです。自分に自信を持ちましょう。自分に対して寛容の精神を持って、自らの人生を素直に見つめれば、自分がどれだけたくさんの

ことを成し遂げてきたか、分かるはずです。自分の進歩を認識すると、新年に向かってやる気も湧いてきます。

私の今年の目標の1つは、次の著書を書き終えることだったのですが、今、既に完成しています。1年前、この目標を前に自分がどれだけ怯えていたかを思い返すだけで、新年（来年）に取り組むべきことについて、楽観的になれるのです。

❷「人生で感謝していることリスト」を作る

新年は確かに、「人生で変えたいこと」について考える絶好の機会です。しかし、目標を考えるための〝よりよいマインドセット〟でいるためには、まずあなたが感謝していることすべてについて考えてみてください。実際、「感謝していることリスト」をまず作ってみると、それが新年（来年）の願い事リストになっていることに驚くでしょう。自分にとって一番大事なことが明確になり、将来どうありたいのかが、はっきり見えてきます。

❸新年（来年）のハイライト（重要な出来事）を想像する

新年に当たり「楽しみにしていること」を5つ、リストアップしてみてください。リストには、夢に近いけれど実現させたいと思っていることはもちろん、日々の楽しみや予想できる行事といった「小さなこと」も含めるといいでしょう。「精神的な健康を最もよく予見するものの1つは、未来の楽しみを期待し、味わい楽しむ能力である」ということが、研究で明らかになっています。

私自身はというと、ビジネススクールでコミュニケーションの新しいクラスで教壇に立つこと――これは創造的で楽しいチャレンジ（挑戦）になると思います――を、楽しみにしています。同じように、友人のためにベビーシャワー（妊婦への出産前のお祝い）を計画することを手伝うのも、楽しみにしています。そして、来年のどこかのタイミングで、日本をまた訪れたいとも考えています！

❹再来年（次の新年）1月1日付で、「未来の自分」から「今の自分」宛に手紙を書く

「来年（新年）の『一番大事な目標』を達成した」という立場から、その年を振返っているところを想像してください。手紙の中で、目標を達成するに当たり必要なことをすべて行った「その時の自分」に対して、具体的な感謝を述べてください。あるいは、もっと賢くなった「再来年の自分」から「その時の自分」へ、思いやりあふれるアドバイスをしてあげてください。ある研究によると、こうした形で

「将来の自分」とつながることは、困難な変化を可能にし、目標達成を成功させる助けになることが分かっています。

❺新年の目標に、他の人へのコミットメント（関わり）を含める

新年の抱負は自分についてのことでなければならないと、誰が決めたのでしょう。コミュニティー活動をはじめとした様々な活動、大切に思っている事柄——そういったものにコミットして（関わって）、自分よりも大きなもののために何らかの責任を果たすことを受け入れてください。それは、応援したいと考えているグループへの、金銭的な支援かもしれません。あるいは、重要な人間関係のためにもっと時間を割こうと誓ったり、「自分より大きな何かの一部である」と感じられる活動に参加することかもしれません。

私の来年の目標の1つは、動物救護団体により深く関わることです。ボランティアをしたり、別の形で定期的に活動をサポートすることで、関わっていきたいと思っています。

「新年の目標設定」のルール

ルール1 新しい年に「どう成長したいか」を考える

↓ 昇進や仕事上の業績といった「何らかの成果を達成すること」を目標にするのではなく、「どんな自分になりたいか」を自分に問いかけてみる。

具体的な行動

- 成果ではなく、どんなプロセスで達成できるかを考える
- 成果ではなく、自分のどの部分を強化したらいいかを考える

ルール2 「何を」ではなく、「なぜ」達成したいのかに、焦点を当てる

↓ 目標に向けて行動を起こす前に、「なぜそれをするのか」という意義を理解

する。「なぜ」「なぜ」「なぜ」を繰り返していけば、あなたの目標の裏に隠れている大きな「なぜ」、つまり、変化を求めている「深層心理にあるモチベーション」が何か、突き止められる。

具体的な行動

- 昇進が目標なら、「なぜ昇進したいのか」、自分に問いかける

ルール③ 具体的な行動目標を設定する

↓最初から大きな一歩を踏み出そうとすると、疲れてしまう。とりあえず小さなことから始めることで、大きな歩みが可能となる。小さなことは、今10分間でできることかもしれない！

- 「最初の一歩は不十分でもいい」と考える

ルール④ 周囲からのサポートを受ける

↓目標達成は自分1人だけで行う必要はない。自分を大切に思ってくれる人に目標を知ってもらい、彼らに助けてもらい、励ましてもらう。

「やってはいけない！」ルール

●昇進、業績アップなど「何らかの成果を達成すること」を目標にする

新年になる前にする「5つのこと」

具体的な行動

❶思い通りにいかなかった難しい出来事も含めて、「今年起きた一番好きな思い出や功績」をリストアップする
❷「人生で感謝していることリスト」を作る
❸新年（来年）のハイライト（重要な出来事）を想像する
❹再来年（次の新年）1月1日付で、「未来の自分」から「今の自分」宛に手紙を書く

例 新年が2017年の場合

2018年1月1日付で、手紙を書く。「2017年（新年）の『一番大事な目標』を達成した」という立場から、その年（2017年）を振り返っているところを想像する。その手紙の中で、2017年の目標を達成するに当たり必要なことをすべて行った「その時の自分」に対して、具体的な感謝を述べてみる。あるいは、もっと賢くなった「2018年の自分」から「その時の自分」へ、思いやりあふれるアドバイスをする。

❺新年の目標に、他の人へのコミットメント（関わり）を含める

Lesson 13

「目標を現実にする」モチベーションを育む

意志力についてのワークショップや講座を始める前、私はいつも、とても重要なアイデアを1つ、参加者に説明しています。それは、「変わりたいと望むこと」と、「変わる意志」は同じではない、ということです。人は、単に「変わりたいと望むこと」と、それを実際に可能にする「モチベーション」を、混同して考えているのです。

「どういうこと?」と、不思議に思われるかもしれません。「変わりたいと望むことが、正しいモチベーションにならないはずないでしょ?」と。「自己改革の目標を達成するために、変わりたいと望むことが必要だ」というのは、確かに本当のことです。しかし、それだけでは十分ではありません。〝正しい〟種類の「望み・欲求」が必要なのです。――「諦めてしまう方が簡単だ」と、あなたがどこかで決めてしまいそうになった時に、屈せずにやり抜く力を与えてくれるような「望み・欲求」が必要なのです。

「目標を達成する人がいる一方で、諦めてしまう人がいるのはなぜか」を解明しようと、心理学者たちは長い時間を費やしてきました。中には、「変わりたいという モチベーションについて聞く」という手法を取った研究者もいます。すると、「あなたはなぜ変わりたいのですか?」と聞いた時に、彼らから返ってくる答えが重要なのだということが分かってきました。

「定期的に運動する」という目標を例に取ってみましょう。この目標は、私の意志力ワークショップに参加する学生が持つ最も一般的な目標かもしれません。「もっと運動する」と思う理由は、たくさんあります。次に挙げる理由について考えてみましょう。

❶ **会社のフィットネスセンターを定期的に使えば、会社から特別手当や奨励金(ボーナス)がもらえるから(米国の企業の多くが、この手法を試みています)。**

❷ **体形に自信がなく、自尊心を高めるために体重を減らしたいから。**

❸外見が重要であると知っていて、もっと運動をすることで、周囲の人に認められ、称賛を得たいから。

❹健康を重視していて、運動すればもっと健康になれると思うから。

❺アスリートやフィットネス愛好家に憧れていて、自分もそうなりたいと思うから。ハードトレーニングを積んで、肉体的能力を伸ばしたいと願うから。

❻かつてスポーツ(あるいはダンスやヨガ)が大好きだったことを思い出して、あの喜びをもう一度味わいたいと思っているから。

どれもそれぞれ、違うモチベーションですよね! 変わるための理由として、一番強力なのはどれだと思いますか? 言い換えれば、「もっと定期的に運動する」という目標をやり通すのに一番役立ちそうなのは、どのモチベーションだと思いますか? 逆に一番弱い、と思うのはどれですか?

「自発的なモチベーション」から出た欲求なら、願ったこと（目標）が実現しやすい！

この質問に対する答えは、実は既に出ています。❹❺❻の理由の方が、❶❷❸の理由より、「定期的に運動する」という結果になりやすいことが、研究で分かっているのです。❹❺❻の3つは、心理学者が「自発的なモチベーション」と呼んでいる事例です。

この種のモチベーションは、劣等感を感じないようにしたり、周囲から認められたいというような「外（部）からの報酬」を求めるものではありません。それどころか、変わりたいという深い欲求の表れなのです。自分にとって何が大事なのか、どんな人間になりたいのか、目標に向かって前進させてくれるものは何かを、反映しているもの（モチベーション）なのです。

こうした理由のために目標を設定した時、目標から離れることなく、成功しやすくなります。運動に限らず、成績を上げたい、過度な飲酒といった悪習慣を絶ちたい、将来のためにお金を貯めたいなど、どんな目標についても、同じです。

なぜもっと定期的に運動したいのか、学生が話してくれる時、最も一般的に挙げられる理由が、❷と❸です。実際、「恥ずかしい思いをしたくない」「称賛されたい」「認められたい」という欲求は、参加者が私に話してくれる「起こしたい変化」の、最も共通するやる気、原動力となっています。私が学生に最初に言うことの1つが、「変化を望む理由を探ること」「その変化を助けてくれるモチベーションを見つけること」なのは、このためです。読者の皆さんも一緒に、ご自分が持っている目標について、このプロセスを試してみてほしいのです。

自分の目標について考えてみてください。——あなたがどれだけ変わりたい、改善したい、成長したいと思っているか。そして自分に問いかけてみてください。「なぜこの変化を望んでいるのか」「なぜこの目標を達成したいのか」、と。

心に浮かんだ最初の理由を書き出し、それがどんな種類のモチベーションか、特定してみてください。

「なぜ変わりたい」のか考えるポイント

● 称賛やお金、昇進のような「外（部）からの報酬」を求めていますか？

●「恥をかきたくない」という思いが、第一にありますか？
●他者の承認を得ることを望んでいますか？
●そのモチベーションは、健康や幸福感、仕事への満足感を高めたいといった、長い目で見て「生活の質を向上させるもの」ですか？
●そのモチベーションは、あなたが高めたいと思っている「積極的・肯定的な自己認識や性質」と関係がありますか？　その変化は、「表面的ではなく、心の底からなりたい人物像」を反映していますか？
●その変化は、あなたの幸せにすぐに影響しますか？　例えばそのモチベーションは、楽しむことができたり、自然に興味を持てるようなものですか？　大切な人やコミュニティーと時間を過ごすことができるものですか？

変わりたいと一番強く思っているモチベーションが後者3つのどれかに当てはまるなら、変われる可能性が高いのです。あなたの最初の回答が何であれ、変化を可能にするモチベーションを育むこともできます。

最後（後者）の3つの質問について考えてみてください。あなたが望む変化は、

❶ 生活の質を改善しますか？
❷ 「なりたい人物像」を反映していますか？
❸ 本質的にやりがいのあるもの、楽しいと思えるものですか？

本当に起こす価値のある変化なら、右に挙げたモチベーションの中の少なくとも1つは、思い当たることがあるはずです。理想的には、2つ見つけることができるといいですし、変わりたいこと（変化）と3つのモチベーションすべてを結びつけられることもあります。

スタンフォード大学の意志力講座に参加した学生の例をご紹介しましょう。ほかの多くの学生と同じように、彼女の目標は、「もっと頻繁に運動すること」でした。質問に対する彼女の最初の答えは、自分の体形を恥ずかしく思っていることや、ここまで体重を増やして体形を崩してしまったことに対する自分自身への失望に関することでした。

このモチベーションだけでは、目標を達成する手助けになりにくいことが、私には分かっていました。彼女は「変わりたい」という強い望みを持っていたかもしれませんが、運動に全力を傾けるようにするには、それだけでは十分ではありませんでした。

そこで彼女は、他のモチベーションについても考えてみました。すると、「変わりたい」というもっとポジティブな理由があることに気づいたのです。

例えば、彼女は本当に健康について気にかけていました。それまでは運動を「外見を良くする方法」と思っていたのですが、そう考えることで、「すべてのトレーニングはセルフケアのための行為で、将来の健康・幸福への投資である」ことを、十分に理解できなくなっていたのです。彼女は、フィットネスでグループレッスンを受けるのがどんなに楽しいことか、思い出しました――ともにダンスを楽しむ人たちのコミュニティーに所属することや、定期的にクラスに出席する時にサポートを受けること。それがとても好きだったことを、思い出したのです。

最終的に、「運動している時の自分」が好きだということに、彼女は気づきました。痩せるからではなく、自分がダンサーになったように思えたから、運動が好きだったのです。「家族の良きロールモデルになる」自分を考えることも、好きでした。

彼女は、目標を達成しました。――実は今、私のグループフィットネスのクラスに通ってくれています！（ダンスとヨガを教えるのは、私の趣味の1つです）

彼女がもっと前向きなモチベーションに気づいたため、彼女が運動を通して得るメリットは大きくなりました。前よりもっと運動を楽しみ、「自分が運動のために時間を作った」という満足感を十分に味わっています。気分や活力、身体的健康がうまくいくことにも気づきました。もし最初の欲求だけに意識を向けていたら、「自己決定したモチベーション」につながることで生まれる力を、見逃していたかもしれません。

「心の声」に耳を傾ける

時間とエネルギーを本当に費やすに値する目標なら、この種のモチベーションが必ずあるはずです。ただ、それを発見するためには、自分自身の心の声に耳を傾ける必要があります。真剣に自分を顧みたのに見つからなかったのなら、それは正しい目標ではないのかもしれません。こうしたことは、フィードバックする際の大切な材料になり得ます。

「変わりたい」という望みをすべて、行動に移す必要はありません。最も大切な「変化」にコミットするのに必要なのは、知恵と勇気なのです。

「目標を現実にする」モチベーションを育むためのルール

ルール 「自分の目標」について、考えてみる――なぜ、変わりたいのか

具体的な行動

- 「なぜ変わりたいのか」「なぜこの目標を達成したいのか」、自分に問いかける
- 心に浮かんだ最初の理由を書き出し、それがどんな種類のモチベーションか、特定してみる

「なぜ変わりたいのか」考えるポイント

Ⓐ称賛やお金、昇進のような「外（部）からの報酬」を求めているか

Ⓑ「恥をかきたくない」という思いが、第一にあるか
Ⓒ他者の承認を得ることを望んでいるか
Ⓓそのモチベーションは、健康や幸福感、仕事への満足感を高めたいといった、長い目で見て「生活の質を向上させるもの」か
Ⓔその変化は、「表面的ではなく、心の底からなりたい人物像」を反映しているか
Ⓕその変化は、「やりがいのあるもの」「楽しいと思えるもの」か
↓
変わりたいと一番強く思っているモチベーションが、「最後の3つ」＝ⒹⒺⒻのどれかに当てはまるなら、変われる可能性が高い。

「やってはいけない！」ルール

- 称賛やお金、昇進のような「外部からの報酬」を求めて、「変わりたい」と考えること
- 「恥をかきたくない」という思いで、「変わりたい」と考えること

●他者からの承認を得ることを望んで、「変わりたい」と考えること

第4章

マイナス(負)の感情・状況に、どう対処するか

失敗や批判を感じる「失敗反応」は、
様々なトラブルの引き金に！
「大したことじゃない」と逃げず、
「なぜ、気にしているのか」直視する

Lesson 14

「悪循環」を断つ

学生が教師を評価する「学生評価」で初めて、私がすべての項目で「良くない」と評価された時のことは、今でも覚えています。

「時間厳守」から「授業の構成」「分かりやすさ」「学生に対する配慮」に至るまで、すべての項目で、最低の評価を下した学生もいました。「いつも時間通りに授業を始め、時間通りにきちんと終わらせているのに、『時間厳守』ということに対して『良くない』と評価する人がいるなんて！」と、その評価に困惑しました。何より、その評価に傷つきました。スタンフォード大学の学生の中には、私を最低の教師と思い、「恐らく今まで、こんなひどい教師は見たことがない」と見ている学生がいると。

私が最初に感じたのは「恥ずかしさ」でした。教えることを大切に思っていた自分を恥ずかしく思い、その学期中ずっと頑張ってきたことや、「もしかしたら自分は教職に向いていているのでは」と考えていたことがバカらしく思え、すべての評価シートを資源ごみ用のごみ箱に捨てました。

その中には、思いやりにあふれた言葉と高いスコア（点数）がつけられた「良い評価」も含まれていたのですが、「それを取っておくことに何の意味があるの？」という気持ちでした。その時重要に思えた〝真実〟――「嫌気が差した」ことで、すべてに汚点がついてしまったように感じたのです。

その苦しい最中、教えることについて考えたくなかったし、（教えることについて）以前ほど気にかけたくもなかったので、評価シートを投げ出したのです。

私が学生からその「悪い評価」を受けたのは十数年前のことですが、まるで昨日のことのように覚えています。「悪いフィードバック（評価）」を受けることは、教師や物書きであることのほんの一面に過ぎないと知った今でも、厳しい評価や批判的なレビューを受けると、やはり傷つきます。

「1つの批判を打ち消すためには、20の称賛が必要だ」と言われています。悪い評価を忘れるのは、難しいものです。それ（悪い評価）についてあれこれ思いを巡らし、苦しめられて、そのことに感情を支配されてしまいます。こうした〝ネガティブになりやすい傾向〟は人の心に組み込まれているようで、批判だけでなく、失敗についても同じことが言えます。

「成功」「強さ」より、「失敗」「弱さ」に意識が向く

ほとんどの人は、自分の成功より失敗を、強さより弱さをよく覚えていて、そこに意識を向けがちです。ある意味、このネガティブな傾向は、大切な役割を果たしているようにも見えます。私たちが成長し、直さなければならない部分に、注意を向けさせてくれるのです。

しかしながら、こうした考えにとらわれてしまうと、逆効果になってしまうことがしばしばあります。行動を起こすための前向きなモチベーションを与えてくれるというよりも、むしろこのネガティブな傾向が、「失敗反応」と言われる精神状態を引き起こしてしまうのです。

「失敗反応」は、精神面・身体面に悪影響を及ぼす

失敗反応は、失敗や拒絶の感情を感じることで始まる「悪循環」です。そうした

しれません。

感情が、「このネガティブな経験は『自分が何者なのか、何ができるのか』について、大切なことを示唆《しさ》している」と、信じ込ませてしまうのです。「そんなことしてどうなるの?」「やってみる価値なんてある?」と考えている自分に気づくかもしれません。

失敗反応は精神面だけでなく、身体面にも影響を及ぼします。食欲が減退したり、意気消沈したり、お酒に溺れるといった自暴自棄の行動に走りたい欲求に駆られたりします。苦しんでいる時に、「自分は1人きりだ」と孤独感を覚えやすくなったりもします。例えば、「ほとんどの人は自分より幸せで、楽な人生を生きている」と思っている自分に気づくかもしれません。

失敗反応は主に、「目標や役割をあなたから取り上げ、失敗や拒絶を経験した時の人間関係からあなたを遠ざけようとする」といった影響があります。失敗反応にはまってしまうと、モチベーションや希望、他人と関わろうとする意欲をなくしてしまう。「状況を改善させることができる行動」を想像できなくなってしまい、諦めてしまったり、自分の殻に閉じこもりやすくなるのです。

批判や失敗に対する失敗反応は、「私たちが本当に変わりたいと思う気持ち」と、「変わるためのモチベーションをなくしてしまう気持ち」を同時に感じ得ることを、教えてくれます。

これについて、朗報があります、こうしたネガティブな考え方のただ中にいても、「絶望や敗北感」といった悪循環から抜け出し、「上向きでポジティブなモチベーション」といった好循環を取り戻すことは、可能なのです。

まずは、なぜそれが大切なのか、思い出してください。何かを深く気にしている時に批判や失敗を経験すると、失敗反応の状態に陥りやすくなります。気にしていないことなら、それほど強い反応は引き起こされないものです。そして気にしているからこそ、長い目で見ると、実際に成功し、成長しやすくなるのです。——前に進み続ける方法さえ見つけられればいいのです。

悪循環にはまった時にまず湧き上がるものの1つが、「気にしたくない」という欲求です。気にするのは、辛いことです。だから、「大したことではない」と、自分に言い聞かせてしまいがちなのです。すると、そのことに対して時間やエネルギーを費やさないようにします。その結果、目標から離れ、大切な人からも距離を置こうとします。

これが失敗反応の最も有害な一面となります。十数年前、最初のひどい評価を受けたあの時、「教えることなんて気にしない、大切に思わない」と自分に言い聞かせてしまっていたらどうなっていたか、想像してみてください。

失敗反応から逃れるために一番大事なことは、そのことを気にかけている、大切に思っている理由を、「隠したり抑え込もうとしたりする」のではなく、その理由を「思い出す」ことです。そうすることが最初、苦しくても、です。

私個人としては、学生からネガティブな評価を受けた時や、私の著書に対する批判的なレビューを受けた時の〝特効薬〟は、「自分がどれほど学生たちの目標達成の手助けをしたいと思っているか」「読者を助け励ましたいと思っているか」「心理科学の見識をもっと広めたいと思っているか」「もがいている人を何とかして励まし、情報を提供したいと思っているか」を、考えることです。

こうして考え方を変えると、恥や自信喪失といった感情から自分の注意をそらし、最もポジティブなモチベーションに自分の注意をリコネクト（再接続）することに役立ちます。

その「目標」「役割」「関係」がなぜ大切か、思い出す

挫折を感じているなら、「このゴール（目標）、役割、関係が、なぜ大切なのか」、

思い出してみてください。それは、なぜ大切なのですか？　現状で、本当はどうしたいですか？　こう考えることで、心理学者の言う「目先の目標より大きな目標」に集中する助けになります。「目先の目標より大きな目標」とは、称賛や報酬といった「個人的な達成や成功」の尺度を超えた目標のことです。

例えば、その分野でやり続けることで、重要な使命を果たすのにどう貢献し、大切にしているコミュニティーをどう支援できるのでしょうか？　やめてしまいたいと思ったとしても、続けることによって、人間関係や職場、世界の中で「こうなりたい」と思うような人間になるには、どうすればいいのでしょうか。置かれている状況を「学び、成長するための機会」として見てみてください。

失敗から学ぶことができるという考え方は、新しいものではありません。私は以前、「成長型マインドセット（心の持ち方・考え方）」がどんなに大切か、本書のレッスン1で書きました。人は時にもがくものであると理解するために「成長型マインドセット」が大切であること、しかも、自分の努力や周囲の人の支えによって、挫折は学びと成長を促す〝触媒〟になり得る、と。

しかし、このマインドセットには、挫折を感じる時に特に役立つ別の側面があります。「挫折や批判から何を学ぶかは、自分で選べる」ことを、思い出すことです。

時には、失敗やフィードバックが、別のやり方をするのに必要な情報を教えてくれることがあります。例えば数年前、私は、自分の経験を学生とシェアする〝素晴らしいコツ〞を知っている同僚と共同で、スタンフォード大学で講義を行いました。

「講義レビュー」の最後で、「同僚の講師が個人的な経験をシェアしてくれたので、私よりもその同僚の講師に親近感を覚えた」と言った学生が2人いました。私の授業の分かりやすさを評価しているけれど、1人の人間として私をもっと知りたかったと、書かれていたのです。

その学生たちのものの見方に、驚きました。「教育」のそうした側面について考えたことが、全くありませんでした。そのフィードバックに最初、少しがっかりしたものの、学生ともっと関わる方法について考える励みになりました。クラスの場で、もっと率直であると同時に、信頼されるようになるにはどうしたらいいか、意識して考えるようになりました。

2人の学生が親近感を覚えた同僚に、その学生のコメントについて話をし、教えるに当たって個人的なストーリーを使うことについて、彼女がどう思うか聞きました（彼らのフィードバックのおかげで、こうしたことを書くのがラクになりました。数年前は、授業に対する悪い評価についての、私自身の恥ずかしい話を公開するなんて、考えられませんでした！）。

しかしながら、フィードバックから学べることは「自分がどう成長できるかが分かる」といったことばかりではありません。自分と他人はどう違うのかも、学べます。その違いを「正すべき弱点」として見るのではなく、その違いを「いつ受け入れるべきか」、選択することもできます。

例えば、私が以前、意志力を題材にして書いた本の書評で、楽観的すぎると批判を受けたことがありました。私が絶えず読者を励まし続けたことがその書評家をイラつかせ、私のことを「典型的な米国人」と評したのです。「変化に対する人の能力」について、明らかに私よりももっと悲観的な見解を持つ、別の筆者の意志力の本が好きだとのことでした。

この残念な書評から私が得たのは、「もっとシニカルな世界観を身につけるべきだ」ということではありません。それどころか、「人には変わる能力がある」と信じていることが、私の価値観の中核にあると気づきました。そのことを心から信じているだけでなく、自分のそうした一面を評価しています。たとえ、ほかのみんなが賛成しなくても、です。だから、自分の楽観主義を抑えるどころか、執筆で、講演で、授業で、この価値をもっとはっきり示すことに決めました。

批判や失敗から学ぶ場合、同じくらい効果のある手法はほかにもあります。フィードバックを額面通りに受け取り、何かをする時に、新しいやり方を試すのです。周りの人に支援や助けを求めることもできます。失敗や拒絶の痛みを、「何が大事なのか、なぜ大事なのか」を思い出すきっかけにすることもできます。

ネガティブな傾向やそれに伴う思考や感情はあなたに、変化したり、成長したり、成功したりするための能力がないことを伝えているわけではないことを、覚えておいてください。それどころか、失敗した時に感じる〝か弱さ・敏感さ〟は、実はあなたの潜在能力の表れなのです。

Lesson 14 のポイント

悪循環を断つためのルール

ルール1 本当の気持ちを隠さず、思い出す

→ 不安や失敗を経験すると、「気にしなくていい」という気持ちが湧き上がる。気にすること自体が苦しいため、「大したことではない」と自分に言い聞かせてしまうからだ。

すると、そのことに対して時間やエネルギーを費やさないようになる。その結果、目標から離れ、大切な人からも距離を置こうとする。

「悪循環」から抜け出すためには、「そのゴール、役割、関係が、なぜ大切なのか」、思い出すことが大事。

思い出すことで、ポジティブなモチベーションに自分の注意をリコネクト（再接続）できて、恥や自信喪失といった「マイナスの感情」から、自分の注

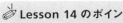

意がそれる。

具体的な行動

- 失敗や挫折を経験した時に、「大したことではない」と思わない
- 失敗反応から逃れるためには、「そのゴール、役割、関係がなぜ大切なのか」、思い出す

ルール② 挫折、失敗を「学び、成長する機会」と捉える

↓ 置かれている状況を「学び、成長するための機会」と捉える。こうした「成長型マインドセット」は、挫折や悪循環を感じる時に役立つ。

ルール③ 考え方を変える

↓ 批判を受けた時は、考え方を変えてみる。恥や自信喪失といった負の感情から自分自身の注意をそらし、ポジティブなモチベーションにつなげることができる。さらに、目標や自分の役割がなぜ大事かを思い出すことで、「目先の目標よりも大きな目標」に集中できる。

「やってはいけない！」ルール

●ネガティブな評価を受けた時「大したことはない」と自分に言い聞かせること

Lesson 15

「自信がない」と悩む人へ

最近、スタンフォード大学のビジネススクールの女子学生に対し、女性が学界やビジネス界で直面する試練について話す機会を得ました。学生たちの最も差し迫った懸念は、「自信」についてでした。彼女たちは、自信があるように振る舞うことの重要性を認識していました。若いことや女性であることといった様々な理由によって、「少しでも自信がないようなそぶりを見せたら、まともに取り合ってもらえない」というリスクが大きくなることにも、気づいていました。彼女たちは、「自信」に対するほかの人の見方をどうしたらコントロールできるか、知りたがっていました。何を着ればいいのか。どんな姿勢で、どんなボディーランゲージを使えばいいのだろう、と。

実は、女子学生がこうした疑問を抱くのは「成功するために本当に必要な自信とは何か」について誤解しているからだと、私は考えています。特に、仕事やプロジエクト、人間関係を新たに始める時はなおさらです。自信とは、「強い信念や信条」とよく定義されます。しかし、個人的な成功、仕事上の成功ということになると、どんな信念がベストなのでしょう。具体的に、何に信条を置けばいいのでしょうか。最も重要な自信とは、「自分を信じること、何でもできる能力があると信じることだ」と、成功したリーダーたちは言うでしょう。「できると信じれば、できるんだ」と、彼らはアドバイスします。自信のなさは、物事を達成するに当たっての敵なのです。

「できるまで、取り繕いなさい」――たとえ自信がなくても、自信に満ちあふれているようなフリをしなさいというこのアドバイスも、同じ考え方にのっとっています。もっと自信があるように見せるために、何を着たらいいか、どんな話をすればいいかと私にアドバイスを求めてきた女性たちも、この考え方の影響を受けていたのです。

「自己効力感」がカギ

私は、「自信」というものについて、違った見方をしています。一番大事なことは、「きっと成功するだろう」ことを当然のことと思うような、思い上がった自信ではないのです。それよりも大事なことは、心理学者たちが「自己効力感」と呼ぶものです。

「自己効力感」とは、「直面する試練は、ハードワークや周囲からの助けなど、自分が持っているものすべてを使って乗り越えられる」という信念のことです。自分が持っているものすべてとは、忍耐力やユーモア、創造性、あるいは、簡単に成功が望めないような状況でも頼りにできる「ありとあらゆる自分の長所」が含まれているかもしれません。そしてそれらを使ってもなお、成功は保証されてはいないのです。

強い自己効力感を持つ人たちは多くの場合、「謙遜」と「自信」をバランスよく持ち合わせています。そうした人たちは、「本当の自信というのは、時間をかけて、経験を通して得られる知恵や成長によってのみ得られる」ことを知っています（逆説的に言えば、この種の謙遜は、自分には絶対的な自信があると強がるよりも、人の信頼を勝ち取りやすいと言えます）。こうした人たちは、自分の今の能力について無根拠な自信を持つ傾向が少なく、むしろ、自己改善（自己修養）のプロセスを信じる傾向にあります。過去の経験から、どうしたら効果的に学び、人間関係を築くことができるかを知っています。でも、「成功できるとただ単純に信じる」だけで十分だとは、思っていないのです。

新たな取り組みに着手するたびに私は、自信のなさを感じるであろうことを予想しています。

もし感じなかったら、不安になるかもしれません。結局のところ、自分が関心を持っていることはすべて、習練やフィードバック、学び続けること、やったことに対する正直な反省・内省を通して得られることを、私は知っています。私が最も必要としている自信とは、自分はいまだ不完全ではあるけれど、「自己改善できる」と信頼すること。周囲のアドバイスや批判を十分に受け入れるほど、その人たちを信頼することです。

この種の自信を身につける最善の方法は、自分自身の成長のプロセスを振り返ることです。

時に挫折しながらも継続的に努力し、仕事やスキルを向上させてきたことを理解できていますか？　仕事や個人的な人間関係を時間をかけて深めてきたこと、本当に強い関係を築くためにはある種の衝突も必要であったことを、認めることができていますか？

この種の自信が最も重要だと、私は思います。しかしそれでも、「仕事の場でもっと自信が持てるようになりたい」という時に人が考えるのは、こうした自信ではありません。ほとんどの人が、次の2つのどちらかを意図しています。

ある人は、周囲の人に感動を与えるために能力を向上させたいと思っています。能力が高く、知識が豊富で、説得力があるように見せる方法を知りたいと思っていますし、それが成功のチャンスを最大化する方法だと思っています。周囲に感動を与えることにはさほど関心がなく、自分自身を納得させることに関心がある人もいます。自信をなくすことにうんざりしているのです。心配事はできるだけ少なくし、仕事をもっと楽しんで、新たなチャレンジを受け入れるために感動を得たいと思っています。

「どうしたら自信をアップさせられるか」と私に聞いてきたスタンフォードの学生の場合、この両方の動機が働いていたと思います。もっと自信を持ちたいと思う主な動機がどちらであれ、これから書く〝戦略〟は、「有能で信頼できる」と周囲の人に思わせるのに役立つばかりでなく、あなた自身がもっと勇気を持てるようになるでしょう。

「有能で信頼できる」と周囲の人に思わせ、勇気が持てるようになる「3つのルール」

❶ 自信のなさや不安は、自分自身を気にかけ、ベストを尽くせる人間として信頼できるサインとして受け止めましょう。自信のなさや不安を、「準備不足や覚悟ができていないことへのサイン」として捉えないこと。

「自信とは心配のないことだ」と、多くの人が思い込んでいますが、必ずしもそうとは限りません。経験豊富なリーダーは、「心配する傾向があることは、見識や覚悟が増すのに大いに役立つ」と知っています。事をなす時に、この側面を取り除くことはできません。「イライラ」や「自信のなさ」は時に、大事な会議の場にもつきまとうことがあります。「イライラしたり自信がなかったりするのは普通のことで、成功の助けにもなるのだ」と受け入れる時、周囲の人がその人を「自信に満ちて有能だ」と思うことが、研究で明らかになっています。

だからといって、「すみません、緊張しています!」とか、「ご期待に応えられればいいのですが!」と言って、自分が不安に感じていることを周囲に知らせた方がいいわけではありません。それよりも、どんな考えや感情が心中に湧き起こっても、受け入れることです。そのうえで、発信したいメッセージや仕事、その場にいる人に注意を向けましょう。

❷大切な会議や話し合いの前に、その会議や話し合いがなぜ大切なのか、数分間考える時間を作る。

この戦略を取ることで、自信を持つことに慣れていない人が、「ほかの人を感動させ、説得するにはどうしたらいいだろう」と考えずに済みます。周囲をどう感動させ、説得するか考えることは、ほとんどの場合、エネルギーの無駄遣いで、好印象を与える妨げとなることもあります。自信があるように見せようとすればするほど、不誠実、もしくは無関心という印象を相手に与えてしまうことが、研究で分かっています。人と本当につながったりコミュニケーションを取ろうとしたりするあまり、身のこなしを完璧にすることに気を取られて、気が散ってしまうのです。

第2に、自分が売っているもの、説明したいこと、あるいは取り組んでいることが何であれ、心からの熱意を伝えられるようになります。印象を与えるのに有効なのは、熱意が一番だということが、研究で分かっているのです。「見かけ倒しの熱意」は、「偽りの自信」と同じように、うまくいきません。売っているもの、説明したいこと、あるいは取り組んでいることが何であれ、「なぜ気にかけているのか」を考える時、熱意は本物となり、人に伝わるのです。

❸ 心を開き、周囲の人の言うことに関心を持つ。

人は「周囲の人にどう注意を払い、周囲の人にどう応えるか」を見て、あなたの「自信」を見極めようとすることがあります。不安でどうにもならなくなっている人は、アイコンタクトを避ける傾向にあります。台本を読んでいるかのように早口で話すこともあります。質問をしたら、考えるために間を取ることはせず、断定的に答えて先に進もうとします。起こることすべてを攻撃と捉え、自分自身や自分の立場、製品を守ろうとします。それとは対照的に、本当に自信を持っている人は、もっと「受容力」があります。ほかの人が言うことや聞くことが何であれ、それは「その人を教育したり、その人とつながったり、自分自身が学ぶチャンスだ」と信じているのです。そういう人は、聞き上手でもあります。

これから書くことは一目瞭然ですが、それでも指摘するに値することです。周りの人に気を配れば配るほど、その人たちが何を信じ、何を欲しているかをよく知ることができるようになります。それを知ることによって、これまで以上に〝効果的に〟対応できるようになる。つまり、薄っぺらな「自信」の力を使って自分のメッセージ（あるいは自分自身）を売り込もうとするよりも、自分の能力や信用度についてもっと「強い印象」を作り出せるようになるのです。

この3つの秘訣に共通することは何でしょうか。自信があるかのように見せるために自分の行動をコントロールしようとしたり、「自信があるんだ」と自分に言い聞かせたりするのではなく、「もっと深いレベルの自己信頼を呼び起こす『マインドセット（心の持ち方・考え方）』を選ぶ」ということです。相手が1人のクライアントであっても、あるいは部屋いっぱいを占めるほどの数の同僚であっても、あなたと相手との間に本物のつながりがあれば、現実の「自信の表れ」は、後からついてくるのです。

自信が持てるようになるためのルール

ルール 成長のプロセスを振り返る

↓自信を身につける最善の方法は、自分自身の成長のプロセスを振り返ること。挫折しながらも継続的に努力し、仕事やスキルを向上させてきたことを認める。仕事や個人的な人間関係を、時間をかけて深めてきたことを認め、本当に強い関係を築くためには〝ある種の衝突〟も必要だったと認めること。

自信を持っている人とは
強い「自己効力感」を持っている人

↓「自己効力感」とは、「直面する試練は、ハードワークや周囲からの助けなど、自分が持っているものすべてを使って乗り越えられる」という信念のこと。

「有能で信頼できる」と周囲に思わせ、勇気が持てるようになる 3つのルール

ルール1 「自信のなさ」は、人として信頼できる〝サイン〟として受け止める

↓「自信がないのは普通のことで、成功の助けにもなることだ」と受け入れる時、周囲の人は「その人が自信に満ちて、有能だと思う」ことが、研究で明らかになっている。

具体的な行動

- どんな考えや感情が心中に湧き起こっても、受け入れる
- 受け入れたうえで、発信したいメッセージや仕事、その場にいる人に注意を向ける

ルール❷ 大切な会議や話し合いの前に、「その会議や話し合いがなぜ大切なのか」、数分間考える

↓「ほかの人を感動させ、説得するにはどうしたらいいだろう」と考えずに済む。人とコミュニケーションを取ろうとするあまり、身のこなしを完璧にすることに気を取られて、気が散ってしまわずに済む。自分が売っているもの、説明したいこと、取り組んでいることが何であれ、「それがなぜ、大切なのか」を考える時、熱意は本物となり、人に伝わる。

ルール❸ 心を開き、人の言うことに関心を持つ

↓周りの人に気を配れば配るほど、その人たちが何を信じ、何を欲しているかを知ることができるようになる。それを知ることによって、自分の能力や信用について「強い印象」を作り出せるようになる。

3つのルールに共通すること

↓自信があるかのように見せるために自分の行動をコントロールしようとしたり、「自信があるんだ」と自分に言い聞かせたりするのではなく、「もっと深いレベルの自己信頼を呼び起こす『マインドセット』を選ぶ」ということ。相手が1人のクライアントでも、部屋いっぱいほどの数の同僚でも、あなたと相手との間に本物のつながりがあれば、「自信」は後からついてくる。

「やってはいけない！」ルール

● たとえ自信がなくても、自信に満ちあふれているようなフリをすること
● 自信のなさや不安を、「準備不足や、覚悟ができていないことへのサイン」と捉えること

Lesson 16

妬《ねた》みの感情

同僚の成功や昇進の話を聞いた時、どんな気持ちになりますか。大体が「複雑な心境になる」という場合が多いのではないでしょうか。祝福したい気持ちはもちろん、いくらかあるでしょう。しかし同時に、すこしばかり妬む気持ちもありませんか。あるいはもしかしたら、すごく嫉妬するかもしれません。

周囲の誰かが成功した時、「社会的比較」のプロセスに入ること、つまり、誰かと自分を比較し始めることは、ごく自然なことです。「自分ではなく、なぜ彼が?」「彼女にあって私にないものは何?」「それをまだ達成できていないなんて、私の何が悪いの?」「自分の目標を達成することなんて、私にできるのだろうか?」——と。

「妬み」の感情は大抵、悪い感情だと考えられています。妬みは自尊心を傷つけ、気分を落ち込ませ、怒りにつながっていて、時には人間関係を壊してしまいます。

だれかを妬むと、大抵の場合、その人を倒そうとするのが一般的な反応です。陰口を叩いたり、「いつかきっと失敗するはず」と妄想するのです。

職場で妬みの感情を抱くと、仕事への満足感を下げ、同僚との一体感を損ねることもあります。職場で誰かを妬むと、彼らに敵意を向けてしまうだけでなく、一緒に仕事をする他の仲間に対しても疎外感を抱きやすくなり、組織に貢献しにくくなります。

例えば、職場で妬みの感情を抱く人は、一緒に仕事をする仲間と「共通の目標」をシェアしたいと思わなくなり、「助けてもらいたい時に周囲が助けてくれる」という確信を持ちにくくなります。そして同じように、自分も人を助けようとしなくなり、同僚を知ろうとしなくなるのです。

「妬みの感情」が、助けとなることも

妬みの感情はほとんどの場合は有害なのですが、時に助けとなることもあります。例えば、妬みの感情を抱くと、「自分が本当に欲しいもの」が明確になり、その「欲しいもの」をエネルギッシュに追い求める誘因になることがあるからです。

職場で妬みの感情を抱くことで、もっと一生懸命働くようになることもあるし、メンター（助言・指導してくれる人）と対話するきっかけになることもあります。「目標に近づくためには、これまでの方法を変えるか、あるいは、これまで追ってきた目標そのものを変える必要がある」と、気づかせてくれることもあるのです。にもかかわらず、「敵意」「自己批判」「目標を諦める」といった〝妬みへの最も本能的な反応〟が、先に挙げたような「妬みのメリット」を私たちが経験することを妨げています。

ではどうすれば、「有害な妬みの感情」を「良い力」に変えることができるのでしょうか。扱いづらいけれど興味をそそられるこの感情を上手に制御し、メリットを得るための「お気に入りの3つの方法」をご紹介します。

有害な「妬みの感情」を、プラスに変える方法

❶ 誰かに気持ちを打ち明ける

「妬みは人が最も認めたくない感情の1つである」という調査があります。嫉妬していることが分かると、見くびられるのではないかと心配するのです。感情が合理

的に働かなくなったり、取るに足らないことにとらわれたりすることがあります。それでもなお妬みの感情を持ち続けると、自己喪失感にとらわれたり、妬みを抱くきっかけになった人への怒りにとらわれやすくなります。妬みについて話す時には、幸運を手にした人をけなす傾向になることもあります。

私の場合、夫に妬みの話をすることがほとんどです。しかし幸運にも、私のそうした側面を打ち明けられる「信頼できる友人」も何人かいます。この友人たちを特に敬愛しているのは、「妬みは破壊的なものになり得る」ことを彼らが理解しているからです。妬みを抱くきっかけになった人を一緒に非難するのではなく、ただ私の気持ちに共感して、自分の目標に向かうよう励ましてくれるのです。

妬みの感情をオープンに話せる友人や同僚がまだいないなら、「誰かほかの人が妬みや自己批判にとらわれている」状況に、共感とサポートの気持ちを持って応える機会を探してみてください。これは心理学者たちが言うところの「社会的な関係の中で、自分がしてほしいことを相手にする」ことの実例です。自分にしてほしいことを人にしてあげることが、強い支援のネットワークを作る最も有効な方法なのです。

❷ 妬みは「欲しいものを示すサイン」

私が最も気にかけるべき妬みの感情とは「誰かが何かを達成したり、作り上げた時に感じる妬み」であって、「(賞をもらったり、ベストセラーのランキングに入ったり、というような）誰かが人に認められた時に感じる妬み」でないことも分かりました。「このイベントの講師の1人だったらいいのに」とか、「彼女が自分の部署で築いたような温かいコミュニティーを私も持てたらいいのに」と考えている時、私の心が大切なことを語りかけます。私の今の人生に足りないものがあるのかもしれない。でも私はそれを見つけ出し、作り上げることもできる、と。

実際、妬みの感情のおかげで、普段なら怯えてしまうようなチャンスに挑戦する勇気が湧いてくることもあります。十数年前、キックボクシングのインストラクターを妬ましく思ったことが、グループフィットネスを教える資格を取る原動力になりました。ある作家が自分の本についてラジオで話しているのを聞き、妬ましく思ったことで「私も自分が好きな心理学の本を書きたい」と決心するきっかけになったのでした。

この種の妬みの感情を抱いた時は、特に注意を払ってください。同僚の昇進を妬ましく思ったなら、その仕事があなたにとってなぜ魅力的なのか、自問してみてください。その人が認められたこと、得られる報酬が妬ましいだけなのか、それともその仕事をするという経験を本当に求めているのか。じっくり考えるうちに、称賛や役得以上に自分が求めるものを突き止めることができたら、自分が何に惹かれているかが分かります。

それからその目標に近づくために必要な行動を起こし、挑戦してみてください。妬みの感情を「自分を批判する材料」にするのではなく、「行動を起こすきっかけ」として利用してください。妬みを抱いた相手を、「あなたの可能性を思い出させるきっかけ」と考えるのです。その人が成功したからといって、あなたの欲しいものが手に入らなくなるわけではありません。むしろそうした「強い感情」を持ったことこそが、「あなたがそれ、もしくはそれに似たものを作り上げることができる」証明なのです。この真実に気づけば、「自信喪失」「敵意」という2つの〝妬みの感情が持つ最も悪い効果〟から、解放されやすくなります。

❸ 妬ましくても、人の成功を祝う

人は、妬ましく思う相手を避ける傾向にあります。近くにいるだけで辛いのです。自分の足りないところや、日頃感じている不公平感を思い起こさせるからです。職場で、「プロジェクトでの共同作業を避ける」ことから、「廊下での何気ない会話を避ける」ことに至るまで、様々な形を取ります。

こんなふうに相手を避けるのは、大きな間違いです。あなたが妬ましく思う相手は、あなたの敵ではないのです。彼らは「潜在的な盟友」であり、良きメンターにもなり得るのです。今、直接競争している人も、極端な話、密に働く必要に駆られる同僚になるかもしれません。今その人を避ければ、将来的に重要となるかもしれない「助け合いの枠組み」から、自分を遠ざけてしまうかもしれないのです。今その人との関係を強めておけば、彼らの成功はあなたに〝伝染〟する可能性があるのです。

同僚をはじめ、あらゆる人と強い絆を築く最善の方法は、ほかの人の成功や幸運を心から祝福することです。これには、真の「マインドセット（心の持ち方・考え方）」の転換が必要です。〝中途半端な祝福〟は、ニセモノだとはっきり分かってしまいます（そしてそれは、偽りのない気持ちに欠けていることを、かえって際立たせることになるのです）。心からの祝福を表すことができるようになるためには、先に書いた❶❷のルールに、まずは従う必要があるかもしれません。

このことはまた、同僚の成功にある「もっと大きな状況」に思いを巡らす助けになるかもしれません。簡単に成功をつかんだように見えたとしても、その人の生活は現実にはもっと複雑なはずです。詳細を知らなくとも、彼らが目標を達成するためにどれだけ奮闘努力したか、容易に想像できるはずです。成功するために、人間関係や健康、あるいは他の目標を犠牲にしてきたかもしれません。そしてその人もあなたと同じように、何かに貢献し、努力を認めてもらいたいと、切に願っているかもしれないのです。

こう考えれば、「この幸運にあずかるのが自分だったらいいのに」と心のどこかで思っていたとしても、相手と本当に幸福を分かち合うことはできます。

こうしたマインドセットの転換は、本来有害である「妬みという毒」を本当に消してくれます。「成功に値しない人が成功した」と思ったり、「その人が幸運を手にしたことで、自分が幸運を手にする見込みがなくなってしまった」と思ったりした時にだけ、妬みの感情があなたの幸福を本当に破壊してしまう力を持つのです。しかし一方で、「妬みの感情」に耳を傾け、他者の成功を喜ぶ能力を養うことで、あなた自身の「成功と幸福への道」が、実際に拓かれるのです。

妬みの感情をプラスに変えるルール

ルール1 誰かに気持ちを打ち明ける

↓

妬みは人が最も認めたくない感情の1つ。妬むと、人の感情は合理的に働かなくなったり、取るに足らないことにとらわれたりして、自己喪失感を味わう。妬みの感情を信頼できる人に話すことで、サポートが得られる。

妬みの感情をオープンに話せる人がいないなら、「誰かほかの人が妬みや自己批判にとらわれている」状況に、共感とサポートの気持ちで応える機会を探してみよう。自分にしてほしいことを人にしてあげることが、強い支援のネットワークを作る有効な方法だ。

ルール❷ 妬みは「欲しいものを示すサイン」だと知る

↓ 妬みの感情を抱くと、「自分が本当に欲しいもの」が明確になり、その「欲しいもの」をエネルギッシュに追い求め、普段なら尻込みしてしまうようなチャンスに挑戦する勇気が湧いてくることもある。妬みという「強い感情」を持ったことこそが、「あなたがそれ、もしくはそれに似たものを作り上げることができる」証明。この真実に気づけば、「自信喪失」「敵意」という2つの〝妬みの感情が持つ最も悪い効果〟から、解放されやすくなる。

具体的な行動

- 何に対して妬ましく思ったか、自問してみる

↓ じっくり考えてみるうちに、自分が何に惹かれているのかが分かる。

- その目標に近づくために必要な行動を起こし、挑戦してみる

↓ 妬みの感情を「自分を批判する材料」にするのではなく、「行動を起こすきっかけ」として利用する。

ルール❸ 妬ましくても、人の成功を祝う

→人は、妬ましく思う相手を避ける傾向にあるが、これは大きな間違い。妬ましく思う相手は敵ではなく、将来一緒に働くことになるかもしれない「潜在的な盟友」。今その人を避ければ、将来的に重要になるかもしれない「助け合いの枠組み」から、自分を遠ざける。今その人との関係を強めておけば、彼らの成功はあなたに〝伝染〟する可能性がある。同僚をはじめ、あらゆる人と強い絆を築く最善の方法は、ほかの人の成功や幸運を心から祝福すること。心から祝福することができるためには、先に書いたルール❶❷に従う。

3つのルールを実践すると？

マインドセットの転換が起きて、本来有害である「妬みという毒」を、本当に消してくれる。「妬みの感情」に耳を傾け、他者の成功を喜ぶ能力を養うことで、あなた自身の「成功と幸福への道」が、実際に拓かれる。

「やってはいけない！」ルール

●「成功に値しない人が成功した」と思ったり、「その人が幸運を手にしたことで、自分が幸運を手にする見込みがなくなってしまった」と思ったりすること
↓この時、「妬みの感情」があなたの幸福を本当に破壊してしまう力を持つ。

Lesson 17

陰口について

米国の子供たちが繰り返し教えられることの1つに、「良いことが言えないなら、何も言わないこと」というものがあります。他人の悪口を言うことは「マナーが悪い」と思われるだけではなく、〝小さい人間〟であると周囲に示すことだ、と。

にもかかわらず、他人を批判したいという衝動は——特にその人の陰でそうしたいという衝動は——そう簡単に封じ込めることはできないものです。そうしたくなる人が必ずしも卑小な人間というわけではありません。時に批判は、親切な行為にもなります。この違いを理解することで、他人の陰口を言ってしまいたくなる衝動を理解し、周囲の人が噂話を持ち出した時にどう反応したらいいか、分かるようになります。その衝動を処理するベストな方法は、常に口を閉ざそうとするよりもむしろ、その衝動について理解することなのです。

「陰口を言う」動機は、自己PR

他人の陰口を言う誘惑に、こんなにも駆られるのはなぜでしょうか。最も一般的な動機は、自己PRです。ある調査によれば、人が陰口を言う対象は、同僚であれ、ライバルであれ、自分に対して力を持つ人物であれ、「自分の目標に限りなく近い人物」についてだということが分かっています。実際、「ライバルだと認識されている人物」が、そうした噂のターゲットになりやすいのです。陰でライバルの悪口を言うことは、自分の自尊心を高め、ライバルと比較される時に自分を良く見せることができる「一番手っ取り早い方法」だからです。

多くの人が、自分の不安感や自信のなさを処理するために、ネガティブな噂話をします。他人について声を大にして話すことは、自分の頭の中にある「自己批判」の考えを落ち着かせる、魅力的な方法なのです。そしてもちろん、あなたの話をネガティブに聞いた人たちが「あなたがライバルとは違う」と見るようになることを望んでいます。あなたの方がライバルより物事にコミットしていて、正直で、知的で、「より～である」というように。

陰口は「他人を助けるために情報を共有したい」という願望からくる!?

しかしながらネガティブな噂話のすべてが、優越感に浸りたいという欲求からくるわけではありません。時にそれは、寛大で勇気のある行動でもあるのです。

米カリフォルニア大学バークレー校には、「なぜ人が陰口を言うのか」を研究している心理学者がいます。彼らの研究を通して、こうした衝動は「向社会的行動（反社会的な行動の反対で、他人に対して積極的な態度を示したり、他人を助けたりする行動）」――「他人を助けるために情報を共有したい」という願望からくるもの――であることが分かってきたのです。

実際、誰かが悪い態度を取った時、最も利他的な（自分のことよりも他者の利益を図るような）性格の人が、最も声を上げる傾向にあります。噂話を広げることで自分の社会的評価を下げてしまう恐れがあったとしても、あるいは話すことで後からそれ相応の報復を受けるかもしれない場合でも、彼らは話をします。そして話し終えた時、彼らの気分は良くなるのです。親切な行動を取った時と全く同じように、〝向社会的〟な噂話は、人の気分を良くさせます。苦しい状況を、「ポジティブなことができる」という感覚に変えてくれるのです。

同僚がサボっていたり、嘘をついていたり、チームのプロジェクトに害を与えるところを目撃してしまったとしましょう。こうしたことに対して、フラストレーションや怒り、疎外感を持つのは自然な反応です。こうした感情を抱くと、「チームへのコミットメント（帰属意識）」や、「同僚とつながっている感覚」が脅かされる可能性があるからです。

研究によると、こうした苦しい状況を和らげる最も有効な方法の1つが、「自分が見たものを、関心を寄せている人（利害関係のある人）に話す」ことだと分かっています。恐らく、違反行為を上司に報告したり、同僚に打ち明けたりすることでしょう。そうすることで、チームへのコミットメントを取り戻し、信用している人に自分の信頼を示し、さらには将来起こり得る悪いことを防げるかもしれないからです。こうした行為によって得られる〝感情的な報酬〟は、「個人的なロス（喪失・損失）を経験した後に人を助けること」や「仕事で挫折した経験から後輩にアドバイスすること」といった〝心理的なメリット〟に通じるものがあります。ネガティブな経験を「人助けをする機会」という、別の意味に変えてくれるのです。

「向社会的行動」から、控えめに人の悪口を言うことが、人間関係を強くすることもあります。オランダのフローニンゲン大学の社会学者は、「同僚との間で友情がどう育まれるか」調べるために、ある企業の従業員を1年間観察しました。すると、ある従業員が他の従業員と噂話を共有することで、友達になる可能性がだんだんと高まることが分かったのです。仲間内では、噂話は「親睦を深めたい」という欲求のシグナルになります。噂話をすることは、「噂話をする相手を信頼している」「彼らにとってメリットになることに注意を払っている」ことを、示しているのです。

この〝噂のルール〟に、例外はあるでしょうか。この調査が終了した時点で、「頻繁に、無差別に噂話をする従業員」は、職場で友達がほとんどいないという結果になりました。そうした人の「他人のネガティブな情報を共有しようとする気持ち」は、信頼と善意のシグナル（信号）としての価値を失ってしまうのです。噂話ばかりしている人は、「自尊心を高めようとしている」「他の人の失敗を喜んでいる」ように見られる傾向があります。

人は〝噂話の裏にある動機〟を見極められる

人はどうやら〝噂話の裏にある動機〟を見極められるらしい、ということが、研究で分かっています。その動機が本当に「向社会的行動」である場合、聞き手はそのことに気づくので、その情報をシェアした人の評価が上がります。反対に、チーム内での自分の地位を高めたいがために同僚を見下すような発言をすれば、聞き手はそれを嗅《か》ぎ分けることもできるのです。すると彼らは、あなたを「良い仲間」として見てくれなくなり、むしろ、機密情報を話せるような「信頼できる相手」ではないと見なしてしまいます。定期的に陰口を話すことばかりしていたら、大事な会議や会話から外されることになるかもしれないのです。

私自身、ある同僚に対して、こうした経験をしたことがあります。彼女からの初めての噂話はお世辞でしたが、そのうちに彼女が人の陰口を絶えず言っていることに気づきました。こういう人については、私がいないところで私についてどんなことを言っているのだろうかと、疑わずにはいられません。

どんな噂話でも、話し出す前に、自分自身の動機を〝査定する〟ことが重要なのは、このためです。私自身は、道徳的に間違ったことに対して怒っている時や、混乱した状態にある時、誰かの悪口を言ってしまう傾向があることに気づいています。「私たちのコミュニティーにいて、信頼してきた人なのに、どうしてこんな振る舞いができるの？」と、友達や同僚に聞きます。「どう説明できる？」「どう対処し、このダメージを修復できる？」と。

こういった会話は時に際どい噂話になってしまい、ネガティブな情報にのぼせ上がってしまいそうになることがあります。こうしたことが起きた時、そのことに気づくことが私にとってとても重要です。そして会話を正常な方向に軌道修正して、「共有されている確かな価値の表現」や「コミュニティーを支えたいという欲求」に向かわせるようにします。私たちの業界内で同じような〝嵐〟にさらされた同僚数人と、この方法でより親しくなりました。

ネガティブな噂話を広げたい衝動に駆られたら、こんなふうに自分の状況を認識する方法を編み出してみてください。自分の感情的な欲求を満たそうとしたり、自分の能力を示そうとしていると気づいたら、パートナーのような、安心して打ち明けられる人がいないかどうか、考えてみてください。あるいは、他人に自分の価値を示すもっといい別の方法がないか、考えてみてください。関係を築きたいという願望から頻繁に噂話をするようなら、まずは別の方法を試してみてください。――噂話をする代わりに、その人自身のこと、彼らの考えや興味、経験談を話してほしいと頼んでみましょう。同僚が噂話を使ってあなたと関係を築こうとしているようなら、同じやり方を試してみることで、会話をもっとポジティブなものに変えられる可能性があります。

それでも、「人の助けとなり得る情報を共有せざるを得ない」と感じたら、他人の悪口を言うのがよくないからといって、黙ったままでいないようにしてください。「良いことが言えないなら、何も言わないこと」という、このレッスンの冒頭に書いたことは、ベストなアドバイスではないかもしれません。代わりに、「良くないことを話したいのであれば、正しい理由でそうしたいのか、確かめましょう。それから、勇気と思いやりを持って話すようにしましょう」ということが、良いルールになります。

陰口を〝使い分ける〟ルール

ルール1 （陰に隠れて）他人を批判したいという衝動は「親切な行為」でもある

陰口を言いたくなる「動機」を理解する

↓ 人の陰で他人を批判したいという衝動は、そう簡単に封じ込めることはできないもの。そうしたくなる人が必ずしも卑小な人間というわけではない。時に批判は、親切な行為にもなる。この違いを理解することで、他人の陰口を言ってしまいたくなる衝動を理解し、周囲の人が噂話を持ち出した時にどう反応したらいいか、分かるようになる。その衝動を処理するベストな方法は、常に口を閉ざそうとするよりもむしろ、その衝動について理解することなのだ。

- 陰口を言う動機は「自己PR」

人が陰口を言う対象は、「自分の目標に限りなく近い人物」。「ライバルだと認識されている人物」が、そうした噂のターゲットになりやすい。陰でライバルの悪口を言うことは、自分の自尊心を高め、ライバルと比較される時に自分を良く見せることができる「一番手っ取り早い方法」だからだ。

- 自分の不安感や自信のなさを処理するために、ネガティブな噂話をする
- 「他人を助けたい」といった〝ポジティブな動機〟から、噂を流す場合もある

具体的な行動

- 「噂話をすることで、自分の能力を示したがっている」と気づいたら、パートナーなど、安心して打ち明けられる人に話をする
- 自分の価値を示すもっといい方法がないか、考えてみる
- 陰口の代わりに「経験談」を話す

ルール❷「誰かのためになる噂話」は、勇気と思いやりを持って話す

↓「他人を助けるために情報を共有したい」という「向社会的行動」から、噂話をすることもある。こうした〝ポジティブな噂話〟は、苦しい状況を、「ポジティブなことができる」という感覚に変えて人の気分を良くしたり、チームへの帰属意識を高めたりする効果がある。噂話は、親睦を深めたいシグナルにもなる。

ルール❸噂話をしたい衝動に駆られたら、自分の状況を客観的に見てみる

具体的な行動

- 噂話をしたいという動機が、自分の感情的な欲求を満たそうとしたり、自分の能力を示そうとするためではないかと気づいたら、安心して打ち明けられる人に話をする。あるいは、他人に自分の価値を示すもっといい別の方法がないか、考える
- 噂話をする代わりに、その人自身のこと——その人の考えや興味、経験談を話してほしいと頼んでみる

「やってはいけない！」ルール

「人の助けとなり得る情報を共有せざるを得ない」と感じたのに、「他人の悪口を言うのがよくないから」といって、口を閉ざすこと

Lesson 18

「不安」を逆手に取る

1週間かけて、重要なプレゼンテーションのために準備をしてきたとしましょう。本番はあと数分に迫り、あなたは緊張してきます。全身に不安を感じるのです。――心拍数は上がり、額に冷や汗がにじみ、胃がギューっとつかまれるような感じがしてきます。

あなたがごく普通の人なら、こうした不安はプレゼンの出来を悪くする、と思うでしょう。不安のせいで出てくるこうした症状を「チャンスを台無しにするサイン」と考え、「イライラが成功をおじゃんにするのでは」と恐れます。「最善を尽くすためには、不安を取り除く必要がある」。プレッシャーの下で仕事を成し遂げなければならないプロの間では、この考えはほとんど世界共通です。実際、ハーバード大学ビジネススクールの研究者が行った調査では、「仕事でプレゼンする前に不安を感じた時、一番大切なのは、落ち着くことだ」と考える人が、全体の91％に上ったのです。

私もかつて、同じように考えていました。

「プレゼン前にいつもイライラするのは問題だ」と思っていたのです。そして実際、講演や授業、あるいは大事なインタビューのたびに、私はいまだに、ほぼ毎回不安になります。十数年以上プロとして話をしているにもかかわらず、この状況は変わっていません。完全に冷静でいられずにそうなってしまう自分はどこかおかしいのではないかと、長年、思い込んでいました。

「不安」が、成功へ導くエネルギーを与える

しかし最新の行動研究では、全く正反対のことが分かってきています。不安を感じることがどれほど嫌いでも、実はこの不安こそが、私たちを頑張らせてくれるのです。

まず理解すべきなのは、「不安というものは、私たちが全力で頑張れるように仕向けてくれるものである」ということです。緊張した時に現れる症状や感覚を、いくつか考えてみてください。心臓が高鳴り、息は荒く、速くなり、急に汗が噴き出

てくる。そわそわしたり、イライラしたり、妙に興奮してしまう。こうした症状すべてが、あなたを成功へと導くためのエネルギーを、体と脳が与えてくれている〝サイン〟なのです。こうした身体的な症状は「チャレンジ反応」と呼ばれる反応の1つで、「大切なことを達成するのに必要な力をまとめる」という、生物学的な本能なのです。

副腎がアドレナリンを放出し、あなたの活動をより活発にします。心臓の鼓動が速くなり、脈拍が上がり、息が荒くなる。こうした症状はすべて、脳と体により多くのエネルギーを送るためなのです。体が緊張するのは、筋肉があなたに、次の行動を取らせる準備をしているからです。

不安を感じると、五感の機能も高まります。光をより多く取り込むために瞳孔《どうこう》は広がり、聴覚は鋭くなり、あなたの注意は〝今この瞬間〟に集中します。こうした身体的な変化は、自分が置かれている状況に対する理解力を上げてくれます。こんなふうに、不安は人を機敏にし、物事に対する準備を整えてくれるのです。

不安でドキドキするのは「チャレンジ反応」

不安な時に胸がドキドキすることでさえ、「チャレンジ反応」なのです。消化器官は、考えや感情に反応する、何百、何百万もの神経細胞に覆われています。大事な会議やプレゼンの前に胃がギューっとつかまれるような感じがしたら、消化器官が「これは大切な場面だ」と、語りかけてくれているのです。こうした症状は「チャンスを台無しにするサイン」ではなく、「『今こそ、あなたを待ち受けるチャレンジ（仕事や問題）に立ち向かう時だ』ということを、体が理解しているサイン」なのです。

「胸がドキドキすることが、直感が高まるサインだ」と考える心理学者もいるほどです。そうやって「高められた自己意識」は、大切な場面で最善を尽くして頑張れるよう、あなたを助けてくれるのです。

「不安によって引き起こされるこうした身体的な症状が、パフォーマンスの邪魔になる」とほとんどの人が信じているにもかかわらず、実は緊張している状態の方が、完全にリラックスしている状態よりも、いいように見えます。例えば、ストレス反応が強い運動選手は競争力が高く、試験前にアドレナリンがより多く出る学生が高得点を取ったりする。どう考えても「落ち着くこと」が状況を良くしそうな場合でさえ、不安が呼びさまされた方が、プレッシャーの中でパフォーマンスが上がる可能性があるのです。

「人質解放の交渉をする際、心拍数が著しく高くなる連邦警察官は、人質を間違えて撃ってしまうといった致命的なミスをしない傾向にある」という、驚くべき研究結果もあります。早鐘《はやがね》のように打っている心臓は、最もリスクの高い場面で、実はあなたの役に立ってくれるのです。

「どう捉えるか」が、すべてのカギ

不安に乱されず、逆に不安の力を利用するためには、「あなたが不安をどう考えるか」が、すべてのカギになります。「不安に邪魔されている」と感じる人は、不安を抑えることにエネルギーを費やしてしまう傾向にあります。不安を抑えようとするのは、気が散るし、難しいものです。研究によると、落ち着こうとすればするほど緊張して、カチンコチンになってしまうことが分かっています。不安が障害になると信じていると、自信を失って、無力だと感じやすくなるのです。逆に、最新の研究によると、不安を受け入れ、さらに一歩進んで不安を積極的に受け入れられるようになれば、困難に立ち向かう助けになってくれるのです。

例えばある研究では、講演を目前に控えた人数人に対して、「ワクワクする」と自分に言い聞かせるよう、研究者がアドバイスしました。同じように講演を目前に控えた別の人には、できるだけ落ち着くよう、アドバイスしました。――後者は、ほとんどの人がそのままやりそうなことです。どちらの方法も、講演者のイライラを取り除くことはありませんでした。2つのグループのどちらも、「スピーチする際に、変わらず不安を感じた」と報告されました。しかし、イライラを「ワクワクする」という〝興奮〟として解釈した参加者は、自信にあふれ、準備が整ったように感じたそうです。講演を聴いた人も、落ち着こうと努力した人と比べて、彼らの方が説得力があり、能力があるように見えたと評価しました。

そのほか数多くの研究が、同じことを示しています。不安を受け入れ、「不安は自分の助けになる」と言い聞かせれば、人は自信を持ち、いいスピーチができるのです。「試験を受ける」「カラオケで歌う」といった、緊張しがちな「一か八か」といった状況で、同じことが言えると分かっています（そう、友達と遊んでいる時に緊張したら、その不安も受け入れるべきです。研究によると、「不安を受け入れる人は、実際にキーを外さず、上手に歌う」ことが分かっています！）。

今や私は、講義やスピーチの前に不安にならないと、心配になります。講義や講演の前にいつものようにイライラしないと、不安の時に感じる状態をマネてみるほどです！　例えば基調講演の前に、ホテルの部屋でお気に入りの曲に乗って踊ったりします。ラジオの生放送でインタビューを受ける直前であれば、ジャンプして足を開いたり閉じたりする「ジャンピングジャック（挙手跳躍運動）」をして、アドレナリンが流れるようにすることもあります。スタンフォード大学のクラスで教えるために、スタスタと元気よくキャンパス中を横切るのも大好きです。そうすると、心臓が激しく上下し、汗をかくこともあります。

不安を感じると、短期間でエネルギッシュになるにもかかわらず、それが長期にわたると、「とても疲れる」と感じる人が多いのも事実です。この状況が続くと、「もっとストレスの少ない仕事を探さなければ」と考えかねません。「この仕事を全うする能力が足りない」「そこに居続ける強さがない」と、考えることもあります。そして実際、慢性的な不安と闘っている人は、ストレスの多い仕事で燃え尽きてしまうと感じやすいのです。

しかしながら、たとえ疲れを不安そのもののせいにしようとしたとしても、エネルギーを消耗してしまう本当の理由は、不安を絶えずコントロールし、抑えようともがいているからかもしれません。そして実際、不安に対してポジティブな態度を取れば、ストレスの多い仕事で燃え尽きてしまうことを、防げるかもしれません。

例えば、ドイツのヤーコプス大学ブレーメン校の研究者は、1年かけて中堅社員の追跡調査を行いました。調査に当たり、彼らの不安に対する考え方はもちろん、彼らが仕事でどれだけ不安にさらされているかといった傾向についても、報告してもらいました。

不安は、私たちにとって有益で、集中力や活力を与えてくれるものだったのでしょうか。それとも、人の力を弱めるものだったのでしょうか。

1年後、不安を、「直すべき問題」として見るのではなく、むしろエネルギーの源であると考える中堅社員は、「仕事で燃え尽きてしまったように感じたり、イライラしたり、疲れ果ててしまったりしにくい」ことが報告されました。不安にたくさんさらされている人ほど、特にこれに当てはまるようでした。慢性的なストレスや不安で引き起こされる「典型的に消耗しきった症状」から、守られていたのです。

「不安が消耗の原因だ」と今考えていたとしても、「不安は活力を与えてくれるものだ」と考えることを選択すれば、燃え尽き症候群を防ぐことができます。この理論を試そうと、ポルトガルのリスボン大学の研究者が学生に、「段階的に難しくなる60の問題」からなる知能テストを出しました。さらにプレッシャーを与えるために、「できるだけ早く、しかもミスをしないでこの問題に取り組むように」と、学生に伝えたのです。「成績が上位10%に入った学生には、賞金として現金が渡される」ことも、告げられました。

テストを受ける前、1つのグループは「不安を感じたら、自分が（このテストで）ベストを尽くす気持ちになれるように、その不安を利用するようにしなさい」とアドバイスを受けました。もう1つのグループは、「不安を感じたら、いい結果を出せるよう、問題に集中するようにしなさい」というありふれたアドバイスを受けました。そしてテストの後、身体的、精神的に、どの程度エネルギーを消耗してしまったか、測定しました。

ストレス反応が起きて、次の行動を取る体制が整う

「不安は活力を与えてくれるものだ」と考えるようアドバイスを受けた学生は、ほとんど疲れを感じませんでした。彼らは他の学生と同じくらいプレッシャーを感じ、同じくらい一生懸命に取り組み、同じくらい不安を感じたのです。しかし彼らが、不安を「抑えるべきもの」としてではなく、「利用できるエネルギー」として捉えることを選んだ結果、疲れ果ててしまうことはありませんでした。

たびたび不安に駆られる「ストレスフルな仕事」をしている時に、この効果は時が経つにつれ増していくのだ、と想像してみてください。

「不安」を「力」と捉えると、活力が増し、自信がつき、プレッシャーの下でも成果を出せるようになります。不安がどう役立つかを、思い出すことがカギです。心臓が早鐘のように打ったり、息が上がるのを感じたりしたらそれは、あなたにエネルギーを与えようと〝体が発するサイン〟だと気づいてください。体のどこかが緊張するのを感じたら、「チャレンジ反応が起きて、次の行動を取る体制を整えているんだ」ということを、思い出してください。胸がドキドキしてきたら、それ自体

が意味のあるサインなのだと理解してください。今立ち向かおうとしているこのチャレンジが、あなたにとってなぜ重要なのかを、自分に思い出させるのです。――そのモチベーションを、チャレンジに立ち向かうために使ってください。

体が発するサイン（症状）がどんなものであれ、それを消し去ろうとすることに心を砕くのではなく、不安があなたに与えてくれるエネルギーを使って何かを成し遂げようとすることに、もっと集中してください。「自分の目標を達成するために、今この瞬間に、私が取れる行動や選択は何だろう」と、自問してください。この方法は、人生で不安を感じ取った時にいつでも、使うことができます。

不安を生かすためのルール

ルール1 **不安は「成功へと導くエネルギー」である**

→ 不安になり、ドキドキして心臓の鼓動が速くなる、息が荒くなるといった症状は、脳と体にたくさんのエネルギーを送るためのもので、「チャレンジ反応」と呼ぶ。不安を受け入れることができれば、困難に立ち向かう助けになる。

「チャレンジ反応」とは？

→ 「大切なことを達成するのに必要な力をまとめる」生物学的本能のこと。アドレナリンを放出し、自分の活動を活発にする。不安な時に胸がドキドキすることでさえ、チャレンジ反応なのだ。

具体的な行動

・不安でドキドキしたり、緊張し始めたりした時、そうした症状すべてが、あなたを成功へと導くためのエネルギーを体と脳が与えてくれている〝サイン〟であり、「不安が、私たちを頑張らせてくれる」ことを思い出す

・不安やイライラを感じたら、それを「ワクワクする」という興奮として解釈する（すると、より自信にあふれ、準備が整ったように感じやすい）

ルール2　不安は「燃え尽き症候群」を防ぐ

→「不安は活力を与えてくれるもの」と考えれば、「燃え尽き症候群」を防ぐことができる。不安を「利用できるエネルギー」と捉えることで、疲れを感じにくくなる。

具体的な行動

たびたび不安に駆られる「ストレスフルな仕事」をしている時に、「不安は活力を与えてくれるものだ」「時間が経つにつれてその効果は増す」と想像してみる

ルール③ 不安が「どう役立つか」を思い起こす

↓ 心臓が高鳴り、息が上がり、体のどこかが緊張するのを感じたら、「ストレス反応が起きて、次の行動を取る体制を整えているんだ」と思い出すこと。

具体的な行動

・不安が与えてくれるエネルギーを使って「何かを成し遂げようとする」ことに集中する

・「自分の目標を達成するために、今この瞬間に、私が取れる行動や選択は何だろう」と自問してみる

「やってはいけない！」ルール

●不安でドキドキしたり、緊張し始めたりした時、それが「チャンスを台無しにするサイン」なのだと考えること

●「いい結果を出すためには、不安を取り除く必要がある」と考え、不安を抑え

ることにエネルギーを費やすこと

Lesson 19

〝あがり症〟を克服する方法

大事なクライアントへの大切なプレゼンテーションの場や、友人の結婚式のスピーチで、「緊張して力んでしまったり、不安を感じたりして、思い通りに発言したり、行動したりできないこと」ってありますよね。そういった「あがり症」を克服する方法はあるのでしょうか。

「TED」の舞台で起きたこと

2013年6月のことでした。スコットランドのエジンバラで開催された「TEDグローバル」（プレゼンテーション形式で行われる、世界的に有名な「TEDカンファレンス」の姉妹講演会）のセッション1時間前、私を含めた講演者4人は、控室で待機していました。私たちはそれぞれ、「このスピーチが人生で最も重要なスピーチになるかもしれない」と、繰り返し言われていました。スピーチのビデオがネット上に流されたら、想像を超えるほどたくさんの人が見ることになるからです。

私たちはみな、本当に不安に駆られていました。実際に控室で、「自分たちがどれだけ緊張しているか、その緊張にどう対処するか」という会話ばかりしていたのです。

この舞台で言葉に詰まってしまったのが、私の出番の前にステージに上がった講演者でした。彼女は明らかにあがっていましたが、滑り出しは好調でした。しかし話の中盤あたりで、自分が何を言いたかったのか、スピーチのどの部分を話しているのか、忘れてしまったようでした。この時スピーチを立て直すこともできたのでしょうが、無理でした。その代わりに、固まってしまったのです。先を続けようと何度も口を開きましたが、言葉を発する前に黙り込んでしまいました。彼女はゆっくりと歩いて、観客に背を向けました。今にも泣き出しそうな顔をしていました。

TEDの主催者がステージに出てきて、彼女に水のボトルを渡し、時間をかけていいと励ましたその時、珍しいことが起きました。観衆がスタンディングオベーションで彼女に拍手を送ったのです。

それはまさに、彼女が気を取り直すのに必要なことだったようです。彼女は数分でステージの中心に戻り、途中でやめてしまった部分からスピーチを始めたのです。落ち着きを取り戻しただけでなく、話の後半は、前半よりかなり説得力がありました。そして話し終えた時、さっきより大きく、熱狂的なスタンディングオベーションに包まれたのです。

「彼女に起きたことに、動揺しないようにね」。私の出番が来た時、TEDのアシスタントはこうささやきました。私はステージに向かいました。もしかしたら、動揺すべきだったかもしれません――「成功し、才能もある心理学者でさえも、あがり症でダメになるのだ」という証拠になるのですから。

しかしステージへと歩き出した時、私の不安は消えていました。TEDに出演すると私が話した人は皆、「TEDのステージの中央を示す有名な〝赤い点〟に初めて立つと、完全にパニックになってしまうものだよ」と教えてくれていました。TEDで2度講演した経験がある〝ベテラン〟の双子の妹は、「その時が来ても恐れないで。誰にでも起こることだから」と、私に言っていたのです。

しかし、そうはなりませんでした。赤い点に立った時、私は聴衆を見渡しながら、自分の体をしっかりと感じていました。驚いたことに、冷静でした。実際、このオープニングで話し始めた時の私は、今までしたどんなスピーチの時よりも冷静でした。

なぜこの話を皆さんとシェアするのでしょうか。あの時の経験を、私はよく考えてきました――言葉を詰まらせた講演者のこと、彼女の講演（パフォーマンス）が、私の「あがり症」をどういうわけか、一変させたことを。

「応援されている」と信じることで、パフォーマンスが上がる

私は、「プレッシャーがある中でうまくやるために、落ち着かなければ」と考えてはいません。本書のレッスン18の「『不安』を逆手に取る」で書いたように、実際、「イライラした状態をエネルギーや刺激として受け入れることは、難局にうまく対処して力を発揮する手助けとなる」ことが、科学的に証明されています。

一方で、TEDで演説した時に感じた自信が私と観衆とをつなぎ、私のメッセージを彼らに伝えるのに役立ったことも確かです。私の前の講演者も、あの「危機」の後で立て直しに成功し、メッセージを伝えられたことで、同じような自信が湧き上がったのだと思います。

そして、その自信は「私たち個人の事情」とは、何の関係もありません。プレゼンに当たり準備したかどうかとか、自尊心が高いとか低いとかとは、関係ないのです。その自信は、「言っていることに価値がある」とか、「言っていることは聞く価値があることだ」といった確信からくるものでもありません。その自信は、「観客が私たちを応援してくれている」ことを知ったことからきたのです。

ＴＥＤのアシスタントは、前の講演者に起こったことが私を一層不安にさせるかもしれないと思っていましたが、正反対でした。私が語りかけようとしていた観衆が、〝最悪の悪夢〟の真っ只中にいた前の講演者を受け入れるのを、目撃することができたからです。彼らのスタンディングオベーションは、励ましと受容を示す端的な表現でした。――ほんの数分前まで、その講演者は観衆にとって「他人」だったにもかかわらず、です。

これは、「プレッシャーの中での行動」を調査する研究者が観察した〝際立った〟事例になっています。講演者やアスリート、あるいは他の発表者が、「観衆が応援してくれている」と信じることで、彼らのパフォーマンスは上がるのです。しかし、「観衆は批判的で、自分の失敗を望んでいる」と信じた場合、行き詰まってしまう傾向があります。

「自分が、聴衆をどう見ているか」が重要

大切なプレゼンを控えているスタンフォード大学の学生には、この出来事を説明し、「あがり症の科学」を共有しています。なぜなら、あがり症を克服し緊張を取り除くためには、「応援してくれそうな観衆だけを相手にするしかない」と考えがちですが、観衆が自分に対して肯定的か批判的かという現実よりも、発表者自身が彼らをどう見ているかの方が、重要だからです。

大抵の状況では、観衆の考えていることを察することなどできません。その代わり、その人自身の普段のマインドセット（心の持ち方・考え方）が影響するのです。「他人が応援してくれる」と、普段から考えているか。それとも、「他人は批判的だ」と考えているか。発表者自身が普段、〝いい観客〟の1人で、講演者や発表者を応援しているか。それとも、普段から発表者を批判したり、非難したりする性質《たち》か。

他者を応援するマインドセットを養うことによって、講演者としての自信に、大きな影響を与えることができます。そのためには、「観衆が応援してくれる」と考

えると同時に、自分自身もこれまで以上に、発表者を応援する観衆の1人になることです。「批判されたり、非難されたりすることを心配している」自分に気づいたら、「みんなが本当に望んでいるのは、発表者とつながったり、発表者の話に力づけられることだ」ということを、思い出してください。結婚式で乾杯の音頭を取る時でも、職場で新しい構想を発表する時でも、そうしてください。そしてどんな状況でも、「観衆の中の誰かが自分を強く応援してくれている」と期待することです(応援してくれる人は、もっとたくさんいるかもしれません)。

プレゼンや講演をする時、聴衆の中にそうした人を探してみましょう。その人は優しく微笑んでいて、アイコンタクトをしてくれるでしょう。彼らは、あなたを勇気づけてくれる「注目」や「エネルギー」を注いでくれます。そういう人に注意を向け、彼らに語りかけるようにプレゼンを始めてみてください。

こうしたマインドセットを養う別の方法は、自分自身が「他の講演者に自信を与える観衆」になれるよう心がけることです。自分が求めるのと同じように、講演者に「注目」してあげてください。講演者がおのずと感じるであろう「緊張状態・あがっている状態」に、共感してあげてください。必要以上に批判してしまうたちなら、講演者や発表者の「尊敬できるところ」や「面白いところ」を、少なくとも1

つ、見つけてみてください。

観衆の中でこんなふうに前向きな気持ちでいる時、発表者があなたを見つけて、あなたに語りかけてくれていることに気づくでしょう。あなたと発表者との間に、お互いにとってプラスになるエネルギーを交換していると感じます。この〝作用（働き）〟を理解すると、自分がステージに立ち、マイクを持つ立場になった時に、この作用を上手に活用できるようになります。

実際、私がTEDのステージを踏んだ時にあれほど自信が湧いてきたのは、「私が応援したかった前の講演者と、強いつながりを感じることができたからだ」と確信しています。「彼女を助けたい、勇気づけたい」と願い、彼女に共感を抱いたことで、観衆の1人として、また同じ講演者として、彼女を応援するマインドセットになれたのです。観衆との「ポジティブなエネルギーの流れ」を作って、そのエネルギーの流れを、これから自分が立とうとしているステージに向けることができました。だから私がステージに立った時、自分で創り出した「ポジティブなエネルギー」を受け取ることができたのです。その瞬間、励ましのエネルギーは、勇気へと変わりました。

私が講演した時に感じた「聴衆が応援してくれている」という確証のようなもの

は、必ず得られるわけではありません。しかしそうしたサポートを活用できるようになるマインドセットを養うことはできます。そして、そうしたサポートを他者に差し伸べることで、「認めること」「信頼すること」が、うまくできるようになるのです。

"あがり症"を克服するためのルール

ルール1 「周囲の人（観衆）が応援してくれる」と考える

↓

講演者やアスリート、あるいは他の発表者が、「観衆が応援してくれている」と信じると、パフォーマンスが上がる（逆に、「観衆は批判的で、自分の失敗を望んでいる」と信じた場合、行き詰まってしまう）。観衆が自分に対して肯定的か批判的かという現実ではなく、「自分自身が観衆をどう見ているか」がカギになる。

具体的な行動

- 「みんなが本当に望んでいるのは、発表者とつながったり、発表者（の話）に力づけられることだ」ということを、思い出す

・どんな状況でも、「観衆の中の誰かが自分を強く応援してくれている」と期待する

・プレゼンや講演をする時、聴衆の中に応援してくれる人を探す。その人は優しく微笑み、アイコンタクトをしてくれて、あなたを勇気づける「注目」や「エネルギー」を注いでくれる。そういう人に注意を向け、彼らに語りかけるように話す

ルール❷ 「他の講演者に自信を与える観衆」になれるよう心がける

↓ 他人の講演を聞く時、こうした前向きな気持ちで聞くと、発表者と自分との間にプラスのエネルギーが交換できるようになり、その力を活用できるようになる。自分が積極的な聴衆になることで、マイクを持つ立場になった時にも、「聴衆が自分を応援してくれている」と感じられるようになる。そうしたサポートを他者に差し伸べることで、「認めること」「信頼すること」が、うまくできるようになる。

具体的な行動

・自分が求めるのと同じように、講演者に「注目」してあげる

・講演者が感じるであろう「緊張状態・あがっている状態」に共感してあげる

・必要以上に批判してしまうたちなら、講演者や発表者の「尊敬できるところ」「面白いところ」を、少なくとも1つ、見つけてみる

「やってはいけない!」ルール

●無関心、批判的な態度で、相手(発表者・登壇者)の話を聞くこと

●「他人は批判的だ」と、普段から考えること

Lesson 20

「中毒・依存」から抜け出すには

ツイッターの存在を知ったのは、2009年の5月でした。それから間もないある晩、家のソファに座り、新しく設定したツイッターのフィード（ツイッターの投稿を新着順に閲覧できる一覧）をスクロールした時のことはよく覚えています。数秒ごとに新しいツイート（投稿）が書き込まれ、クリックすべき新しいリンクが山ほどあり、世界中で面白いことをしている面白い人からの投稿が続々とアップデートされていました。

そのフィードをスクロールしているうちに私は、慌ただしくせかされているような気持ちになりました――楽しいというよりも、「やり続けなければならない」衝動にせかされている感じで、「興奮状態」と「催眠状態」が混ざり合ったような、奇妙な感覚でした。気がつくと真夜中をとうに過ぎていて、「スクロール」して「クリック」することだけに、2時間近く費やしていたのです。

「脳の報酬システム」が操られる

技術者やデザイナーが、ネットやSNSといったテクノロジーが持つ「中毒性・依存性の強い性質」を最大化しようとしてきたことは、よく分かっていました。しかしこの〝強力な引力（魅力）〟を初めて本当に味わったのが、先に書いたツイッターの経験だったのです。どういうわけか私は、フェイスブックやゲームにはそれほど心惹かれたことがなく、スタンフォード大学の学生がハマっていると教えてくれたほかの「時間を浪費すること」にも、さほど惹かれることはありませんでした。しかしツイッターは、「次に更新する時は誰のツイートが飛び出してくるのだろう？」という、「目新しさ」「知的刺激」「思いがけずもたらされる快感という報酬」という3要素を、理想的な形で併せ持っていました。

インターネットやスマートフォンといった、ほとんどすべての「ハマる」ものと同じように、私が経験したツイッターフィードは、「脳の報酬システム」（欲求が満たされた時、あるいは満たされることが分かった時に脳が活性化し、快感を与える神経系。ドーパミン神経系であると言われている）を巧みに操るように設計・デザインされています。クリックを誘発する「クリックベイト」（内容が乏しくても、ユーザが興味を引くタイトルをつけてクリックを誘導するウェブページなど）の見出しであろうと、「キャンディークラッシュ」のようなパズルゲームであろうと、「時間を浪費すること」はその魅力に抗し難く、ドーパミンのレベルを上げます。

ドーパミンが、あなたの注意力を奪う

ドーパミンは注意力を奪い、満足を〝約束〟してくれる（でも必ずしも満足を与えてはくれない）脳化学物質なのです。このドーパミンがあなたの注意力を奪うと、「脳内でドーパミンが放出されるきっかけになること」なら何でも得よう、何でも繰り返そうとして、「そのこと」に固執するようになります。そうなると、無意識の状態でスクロールしている、あの時の私のような状態になります。あるいは、テレビを消せない、スマホを手放せない、ネットでメッセージを送るのをやめられない、ゲームをやめられない、といった状態になるのです。

そうした行動・動作をしていないと、不安や緊迫感を覚えるかもしれません。「ポジティブな欲求」というよりはむしろ、パニックや困窮のような感覚に近いも

のです。そしてそれが、単なる「時折やる楽しい気晴らし」でなく、本当に中毒・依存になってしまうと、決して満足感を得ることはできません。その誘惑に負ければ、またやりたくなるだけです。楽しみとして始めたことが、喜びのない衝動・強迫的な欲求になってしまうのです。

では、「（ネットやＳＮＳといった）テクノロジーに時間を費やしすぎて、仕事や実生活での人づき合い、他の大事な活動がおろそかになっている」と気づいた時、そのサイクルを断つにはどうしたらいいのでしょう。

「やめたい習慣」に、注意を向ける

「やめたい習慣」は、それがどんなことでも、その「プロセス」や、「それがどう行われるか」に、注意を向けてみてください。それ（やめたい習慣）を、いつやっていますか？「ソーシャルメディアのフィードをチェックしたい」というそもそもの欲求が、どんな感じか分かりますか？

あまりにも習慣化していて、その機器を手放せないほどになっていますか？ゲームをやりすぎてしまったり、ビデオを見すぎてしまったとしたら、それはどんなふうに起こりますか？ たくさん食べた後のように、脳が満足して、もうやめるよう命令すると思っていましたか。その代わりに、何が起こりましたか。

それから、自分が何をしているのかをもっと自覚するために、ある種のルールを自分自身で設ける必要があります（どんなルールであれ、それに従うことは簡単なことではありません。しかしルールを設けることで注意を払わざるを得なくなり、だんだんと習慣を変える助けになります）。そう考えた時、時間を浪費してきた行動・動作との関係を、どんなふうに変えたいですか。

誘惑に触れる前に、「大事なことを1つする」

私の講義を取っている学生の多くが試し、成功している方法の1つは、「一番大きな誘惑になっているネットやSNSといったテクノロジーに触れる前、朝のうちに、大事なことを1つする」というものです。大事なこととは、お茶を1杯飲んだり、運動したり、ニュースを読むことかもしれないし、ソーシャルメディアの世界に埋没してしまう前に、パートナーやルームメートと話をすることかもしれません。

「タイマー」をかける

もう1つの「やってみるべきルール」は、タイマーをかけることです。自分で時間制限をしましょう。10分でやめられるようにスマホのアラームを設定すると、どうなるでしょう。やめられなかったとしても、「自分が思いつく言い訳」について、「そのプロセスの罠にどうはまるのか」についてなど、たくさんのことを知ることができます。

ツイッターを使う時の私の「一番のルール」は、やり方を変えることでした。際限なくスクロールし続けるのはやめて、集中してやり取りするようにし、ツイートを「読む」時間に制限を設けました。

もちろん、「働いてない時間がすべて時間の浪費になる」というわけではありません。時間を浪費する「中毒性の高いもの」への依存を解く重要なカギは、休憩を取るいい方法を見つけることです。

あまり知られていませんが、「注意回復理論」と呼ばれる、とても興味深い認知心理学の理論があります。この理論では、「集中力は有限の力・才覚で、定期的に補充される必要がある」ことが分かっています。ある仕事に長いこと集中しすぎると、物事をこなす能力が低下します。休憩が必要なのではと感じるのは、正しいことなのです。休憩を取り、集中力が回復することをしたら、前よりもっとエネルギーと集中力を持って仕事に戻ることができるでしょう。例えば、40秒程度の「わずかな休憩」を取り自然を眺めるだけで、集中力が回復し、細かい仕事のパフォーマンスが上がることが、豪メルボルン大学の研究で明らかになりました。集中力を回復させるほかの行動・動作として、「身体運動」「呼吸に意識を集中させること」「瞑想《めいそう》」のほか、「笑いや畏敬の念、愛情の念を起こさせるようなビデオ（かわいい動物など）を見ること」が挙げられます。

残念ながら私たちは、集中力を回復させることよりも、集中力を奪ったり、使い果たしてしまったり、そらしてしまったりする「時間を浪費すること」を始めてしまいがちです。自然や身体運動、ポジティブな感情を味わうべき時に、ネットやSNSなどのテクノロジーや娯楽といった「ドーパミンを放出すること」を始めてしまう。「ゲームをしたり、ソーシャルメディアのフィードをチェックすることで気分がリフレッシュする」と考えていますが、結局はモチベーションが上がらず、力を発揮できないまま終わってしまうことが多いのです。これは、力を出そうとして体に悪いスナック菓子を食べ始めたり、リラックスするためにアルコールを飲み始めるといった「多くの人が持つ習慣」によく似ています。ほとんどの場合、最初よりも悪い状態になってしまうのです。

もちろん、本当に破滅的なことなら、そのことに時間をたくさん費やすほど惹かれたとしても、「自分のエネルギーと幸福感を使い果たしている」と感じ取ることができるものです。これが、中毒・依存の定義です。しかしその誘惑の魅力はとても強いものなので、私たちは体験やそこから得た教訓から学ぼうとせず、「物や目的、それに依存することが気分を良くしてくれる」と、信じ続けてしまいます。だからこそ、注意を払うことがとても重要なのです。報酬・ご褒美や満足をくれるという〝約束〟に疑問を持つことで、誘惑をコントロールできるのです。私の場合、ツイッターが持つ「時間を吸い取る性質」に注意を払えば払うほど、ツイッターとの関わり方を変えることが簡単になりました。

「45分単位」で作業し、「15分」は楽しいことをする

私がスタンフォード大学の大学院生だった十数年前、博士号取得を目指す学生が

論文を完成させるのに役立つ「時間管理のワークショップ」で、素晴らしい助言をもらいました。そのワークショップのリーダーはこう言ったのです。「こなさなければならない課題がどんなにたくさんあっても、どんなに時間が足りないと思っても、『45分単位』で作業をしなさい。そして1時間のうち15分間は必ず、楽しいことや、心の肥やしになるようなことをしなさい」。

工学部の学生がそのワークショップで、真剣に尋ねていたことも覚えています。「自分にとって楽しくて、心の肥やしになることが何かを知るには、どうしたらいいですか」と。

ワークショップのリーダーは、彼のこの質問に答えることができませんでした。依存の場合と同じようにこれも、細心の注意を要する洞察です。そしてこれこそが、「時間を浪費すること」について考え始めるに当たっての、最適な問題提起だと思います。深い意義や目的、喜びや満足感を与えてくれる行動のために時間を取ろうとしない限り、「時間を浪費してしまうネットやSNSといったテクノロジー」の魅力は、抗し難いものだからです。私の場合、運動や音楽、瞑想が、エネルギーや集中力を回復するのに最も有効な方法であることが分かりました。散歩から帰ってくると、書く意欲が湧きます。15分間瞑想すると、講義の準備に集中することができます。講義の前に好きな音楽を聴くことで自分の才能にアクセスできて、もっと力を発揮できる気がします。

「時間を浪費する行動・動作」に対してルールを設けようとする時にも、代わりになり得る何かを見つける努力をしてみてください。喜びをもたらしてくれることは何ですか？　やりたいと思える行動で、「これでおしまいにできる」というはっきりした限度があり、本当に満足させてくれることは何ですか？　集中力を消耗させるのではなく、回復させるものは何ですか？

Lesson 20 のポイント

「中毒・依存」から抜け出すためのルール

ルール1 「やめたい習慣」が「どう行われるか」に、注意を向けてみる

↓ 中毒・依存になってしまうことを、どんなプロセスで行っているか、観察する。

具体的な行動

- 「それ」をいつやっているか、注意を払う
- 「それ」があまりにも習慣化していて、手放せないほどはまっているか、注意を払う
- それをしたいという欲求が「どんなふうに起きるか」を観察する

ルール❷ 自分なりのルールを作る

↓ 「自分が何をしているのか」を自覚するために、ある種のルールを自分自身で作る。ルールを設けることで「そのこと」に注意を払わざるを得なくなり、だんだんと習慣を変える助けになる。

具体的な行動

- 一番大きな誘惑になっていることをやる前、朝のうちに「大事なことを1つする」

例
- 運動する
- お茶を飲む
- パートナーや友人と話す

- タイマーをかける（自分で時間制限する）
- ツイッターといったＳＮＳは、投稿しないで「読むこと」に制限する

ルール❸ 休憩を取る

↓ 時間を浪費する「中毒性の高いもの」への依存を解く重要なカギは、休憩を

取るいい方法を見つけること。集中力は、休憩することで回復できる。

具体的な行動

- 40秒くらいの「わずかな休息」を取る

例 自然を眺めるだけで、集中力が回復し、細かい仕事のパフォーマンスが上がる

- 身体を動かす（散歩など）
- 呼吸に意識を集中させる
- 瞑想する
- 笑いや畏敬の念、愛情の念を起こさせるようなビデオ（かわいい動物など）を見る

ルール④ 「45分単位」で作業し、「15分」は楽しいことをする

↓ 「45分単位」で作業をする。1時間のうちの残り15分間は必ず、楽しいことや、心の肥やしになるようなことをする。

「楽しくて、心の肥やしになること」は何かを知るには

・「喜びをもたらしてくれることは何か」考える

・やりたいと思える行動で、「これでおしまいにできる」というはっきりした限度があり、本当に満足させてくれることは何か、考える

・集中力を「消耗」させるのではなく、「回復」させるものは何か、考える

「やってはいけない！」ルール

●「ゲームをしたり、ＳＮＳをチェックすることで気分がリフレッシュする」と考えること

●１つのことに、長い時間集中しすぎること（物事をこなす能力が低下してしまう）

第5章 ストレスを、どう力に変えるか

マイクロソフトのビル・ゲイツ夫妻、
Facebookのザッカーバーグ——。
カリスマ経営者たちも、
ストレスを武器に逆境から成長してきた！

Lesson 21 ストレスとうまくつき合う

「ストレスとうまくつき合う方法」というテーマで私が講演した時、ストレスにうまく適応できていると考える成人の米国人がたった29％であることは分かっていました。加えて、ほとんどの米国人は、自分が感じているストレスの量は、健康に良くないと思っているのです。

例えば、米ハーバード公衆衛生大学院が2014年に行った調査によれば、およそ85％の米国人が「ストレスは、健康や家庭生活、仕事に悪影響を与える」と考えていることが分かっています。ストレスを多く感じると回答した人の74％は、ストレスがその人に直接的に害を与えていると考えている。さらに、回答者のおよそ80％が「ストレスがその人の健康や家族関係、コミュニティーとの関わりに対して、何かしら良い影響を与えるとは思えない」と回答しています。ほとんどの米国人が「ストレスを減らそうと努力している」と答えていますが、大多数の人は「ストレスの量が変わらないか、年々増えている」と言っているのです。

ストレスを「多く感じる」「体に害だと考える」この2つの組み合わせが、心身の問題を引き起こす

だから結果として、私たちは普通ではない状況に陥ってしまっています。――誰もがストレスを感じ、ストレスは自分にとって悪いものだと思っているのに、ストレスを取り除くことができている人はいないようです。これは、米国に限ったことではありません。世界中の人々がストレスを多く感じると訴えていると同時に、「ストレスは健康に良くない」と考えていて、「ストレスを取り除くことはできない気がする」とも言っているのです。

「ストレスは悪いものだが取り除くことができない」と考えていること自体が、不安や憂鬱（気分の落ち込み）を引き起こす「特に有毒な処方箋」になってしまっているのです。米エール大学の研究によると、「ストレスを害だと思っている人」は、「ストレスがポジティブな力になり得ると思っている人」よりも、気分が落ち込む傾向があることが明らかになっています。そういう人は同時に、腰痛や頭痛のよう

な「ストレスからくる健康問題」を、他の人より多く抱えているといいます。

別の研究では、「ストレスは健康に害を与える」とやはり信じている場合に、「ストレスを多く感じることは、心臓病にかかったり、死亡したりするリスクが高くなることと関係がある」と分かっています。言い換えれば、「ストレスを多く感じること」「ストレスは体に害だと考えること」、この2つの組み合わせによって、心身の問題を引き起こすリスクが高まる、とも言えるのです。

これとは対照的に、「ストレスを多く感じながらも、ストレスには何らかのメリットがあると思っている人」——例えば、ストレスが集中力を高めるのに役立つとか、ストレスの多い状況を経験することで自分を強くすることができると思っている人は、より健康的で、幸せで、仕事でもいい結果を収めています。

「ストレスにもいい面がある」と気づく

だから、「ストレスとうまくつき合う方法」という私の講演は、「ストレスにもいい面がある」ことに気づくのを助ける、つまり、気づきを与えることが目的でした。ストレスは、モチベーションと活力を与えてくれます。ストレスには、人と人とのつながりを深める働きもあります。私たちの意志を試し、力を伸ばす手助けをしてくれます。そうやって私たちは学び、成長するのです。「ストレスに良い面がある」ということだけでなく、「ストレスのいい面を見ようとする」ことが、私たちにとっていいことなのです。ストレスにさらされている状況で、「ストレスのメリット」を見つけることができたら、深い不安を感じたり、気分が大きく落ち込んだりすることを防げる可能性が高くなるのです。

もう1つ、皆さんに理解していただきたいのは、ストレスは避けられないものだということです。ストレスをたくさん感じている人があまりにも多いということは、その人自身、もしくはその人の生活に、何かしらの問題があるということを意味しています。

私たちが生きている世界では、ストレスは普通のことで、必ずしも悪いことではないのです。

「ストレス指標」が高いほど、国民の幸福感や満足度も高い

2005年から2006年にかけて、調査会社ギャラップが実施した世論調査

で、世界121カ国、12万5000人に対して、「昨日、多くのストレスを感じましたか?」という問いかけをしました。「はい」と答えた人のパーセンテージから、国別に「ストレス指標」を算出したところ、驚くべき結果が出ました。

ストレス指標が高ければ高いほど、国も豊かだという結果だったのです。「昨日、多くのストレスを感じた」と答えた人が多い国ほど、平均寿命は長くGDP(国内総生産)も高かった。「ストレス指標が高いほど、国民の幸福感や満足度も比例して高い」ということも、この調査結果は示していました。ストレスを感じる人が多いことは、「健康や仕事、生活水準やコミュニティーに満足している」人が多いことを意味していたのです。

調査は、さらに個人のレベルでの幸福とストレスの関係について調べていました。その結果、興味深いパターンが見られました。ストレスを多く感じた日には、怒りや憂鬱(気分の落ち込み)、悲しみ、不安を感じやすくなっていました。しかし同時に、ストレスを多く感じることは、喜びや愛、笑いを多く感じることとも、関係していたのです。

ストレスを感じても気分が落ち込まない人は、自分の生活をほぼ理想的なものとみなしている傾向が強くありました。私はこれを「ストレスパラドックス」と呼んでいます。「ストレスパラドックス」とは、「ストレスの多さは悩みと幸福感の両方に関わっている」ということです。このパラドックスの結びつきは非常に複雑ですが、これを理解する1つの方法は、「ストレス」「悩み」「人生の意義」の間の関係性を見ることです。

ストレスが〝人生の意義〟につながる

別の大がかりな研究では、サンプルとして抽出した全米の18～78歳の成人に、次のような質問をしました。「『自分の人生はおおむね、有意義なものだ』という一文に、あなたはどれだけ賛同しますか？」。そして、「賛同した人」と「賛同しなかった人」とでは、何が違ったのかを調べたのです。〝有意義な人生〟を示すものは、何だったのでしょう。

意外にも、「ストレス」が上位でした。事実、すべてのストレスが〝人生の意義〟につながると、調査結果が示していたのです。過去にストレスフルな出来事を数多く経験した人は、自分の人生を有意義と捉える傾向が強かったのです。

今現在、多くのストレスにさらされていると答えた人もまた、自分の人生を有意義なものと捉えていました。未来を心配して過ごす時間さえも、過去に直面した努力や挑戦を振り返るための時間として、意味があるものと捉えていたのです。

「ストレス」と「人生の意義」は、なぜこんなにも密接に関わっているのでしょう。まず第1に、ストレスは「重要な役割を果たそうとする時や、意義のある目標を追い求めた時に、〝必然的な結果〟として起こるもの」と言えます。

人生の中で感じるストレスの〝最たる原因〟を尋ねると、仕事、子育て、人間関係、介護、そして健康がトップにきます。こうした出来事は私たちの生活にとって「最も有意義なこと」ではないにしても、たくさんの意味を人生にもたらしてくれます。

ストレスを感じることは「あなたの生活に何らかの問題がある」というサインであるというよりはむしろ、「個人的に意義のある役割や人間関係、目標に、どれだけあなたが関わっているか」の、バロメーターになり得るのです。

人間には生まれながらにして、苦難を通して意味を見いだそうとする本能と許容力があります。本来、苦難に意義はありません。しかし「意義を見いだそうとする欲求」を生むきっかけになります。

このようにストレスは、個人の成長、精神的な探索、魂の探求を触発するものとなり得るのです。〝人生の意義〟はストレス環境そのものにあるわけではなく、私たちの内に呼び起こされるプロセスにあるのです。「人生に意義を見いだすこと」は、ストレスに反応した結果です。だからこそ、ストレスのある状況が往々にして〝人生の意義〟を生み出すのです。

ストレスを避けようとするほど、不安・落ち込みを感じやすい

人生の意味を見つけるための手段として、ストレスを最大化することを勧めているのではありません。しかし、ストレスを避けようとするのは、本当によくない方法です。ストレスを正面から受け止めようとする人に比べて、ストレスを避けようとする人は、不安や気分の落ち込みを感じやすいのです。

例えば、米国のある調査で、1000人以上の成人を10年間追跡調査しました。調査の最初に、被験者に「日々のストレスにどう対処していますか」と尋ねました。ストレスを極力避ける方法――ストレスを受けるような状況を避けようとする、ストレスについて考えないようにする、飲酒やテレビ鑑賞、ゲームで遊ぶことでストレスの感覚から逃れようとする――といった方法を取る人は、その後の10年

間でうつになっている傾向がより強かったのです。ストレスを取り除こうとすることは、調査が始まった時に示された病兆や問題の領域をはるかに超えて、将来うつになるリスクを示したのです。

日本でも、同じような研究がなされています。

例えば日本の成人は、ストレスを避けることで、連帯感や帰属意識といった社会的な幸福が低下すると見られています。

不安、失敗、不快感、衝突、喪失といった「ストレスのイヤな側面」を避けられたなら、どんなにいい人生になることかと、思うかもしれません。日々の生活を顧みる時、ストレスを感じた1日を思い出して、「あぁ、1週間のうちでいい日ではなかったなぁ」と思うかもしれません。そんな日には、「ストレスのない日を過ごしたい」と願いがちです。

しかし、人生をもう少し広い目で見て、自分の生きてきた歴史を振り返った時、「ストレスを伴った経験はすべてなかったことにしてしまいたい」と思うでしょうか。なかったことにしたところで、人生が理想的なものになるというわけではありません。それどころか、自分を成長させてくれた経験や、最も誇りに思っている挑戦、そしてあなたをあなたたらしめている人間関係を消し去ってしまったことに気づくでしょう。不快感は多少軽くなるかもしれませんが、〝人生の意義〟が奪われてしまうことにもなりかねません。

ストレスからくる不安や憂鬱に「効果的なもの」

では、ストレスと上手につき合う能力を与えてくれることは何でしょうか。不安や憂鬱（気分の落ち込み）を和らげ、そこから回復する力を生み出すのに最も効果的なのは、運動やスポーツ、散歩、友達や家族・ペットと過ごす時間、マッサージ、瞑想、ヨガ、お祈り、祭祀への参加、ボランティア活動や他人の手助け、クリエーティブな趣味に費やす時間だということが、科学的に証明されています。

こうした方法は、飲酒やテレビ鑑賞といった〝典型的なストレス解消法〟と、何がそんなに違うのでしょう。飲酒やテレビ鑑賞といった〝逃避する方法〟と違って、前述した〝効果的な方法〟には、「自分自身へのセルフケア」や「自己よりも大きな存在とつながること」が関わっています。それらが〝人生の意義〟や自己超越の感覚をもたらしてくれるのです。「人生の意義」「自己超越」「自分自身へのセルフケア」が、幸福や回復のために必要な〝重要な力の源〟なのです。

ストレスに押し潰されそうな時は、「ストレスのある状態を通じて成長し続けられる」という〝潜在的なメリット〟を振り返ってみてください。自分の力が伸び、他者とのつながりが強められ、自分の価値を表現するために、ストレスがどんな機会になるのか。それから、「自分自身へのセルフケア」や「自己超越」のための行為を日常生活にどう取り入れていくか、考えてみてください。そうしたことが、「ストレスを減らしたり、取り除いてくれる」と考えるのではなく、むしろ、「自分にとって一番大切なものを求め続けるための力を与えてくれる」と考えてください。

——たとえそう考えることが必然的に、ストレスになろうと。

Lesson 21 のポイント

ストレスとうまくつき合うためのルール

ルール① ストレスの「いい面」を見る

↓ ストレスによって自分を強くできると思っている人は、より健康的で、幸せで、仕事でも良い結果を出せる。

- ストレスはモチベーションアップにつながることもある
- ストレスは、人と人とのつながりを深める働きもある
- ストレスを多く感じると、「怒り」「憂鬱（気分の落ち込み）」「悲しみ」「不安」を感じやすいが、同時に、「喜び」「愛」「笑い」も、多く感じ取れる
- ストレスは〝人生の意義〟につながる

例 人生で感じるストレスの〝最たる原因〟を尋ねると、仕事、子育て、人間関係、介護、そして健康がトップにくる。こうした出来事は私たちの生活にとって「最も有意義なこと」ではないにしても、たくさんの意味を人生にもたらしてくれる。

ルール❷ ストレスから逃げない

- ストレスを避けようとする人は、不安や気分の落ち込みを感じやすい
- ストレスを避けられないのは「普通のこと」

ルール❸ 「セルフケア」をする

→ セルフケアをすることで、不安が和らぎ、ストレスから回復する力が生まれる。

具体的な行動

- 運動したり、家族・友達・ペットと過ごす
- マッサージ、瞑想、ヨガ、お祈り、祭祀への参加、ボランティア活動、他

人の手助け、クリエーティブな趣味に時間を費やす

・飲酒やテレビ鑑賞といった「ストレスから逃避する方法」を取らない

「やってはいけない！」ルール

●ストレスは「害」だと思うこと

●ストレスは「取り除くことができない」と思うこと

Lesson 22

ストレスを武器に変え、成長する方法

これまで私たちは「ストレスは敵だ」と思ってきました。実際、多くの心理学者や医師、科学者たちが、ストレスを目のかたきにしてきた。ストレスは多くの人を悩ませる危険な病気であり、どうにかして予防すべきだと、信じられてきたのです。

しかし私は、ストレスについての考え方を改めました。そのきっかけになった研究結果が、1998年に米国で、3万人の成人を対象に行われた調査でした。「この1年間でどれくらいのストレスを感じましたか?」「ストレスは健康に悪いと思いますか?」。この2つの質問をして、8年後に、3万人のうち誰が亡くなったかを調査したのです。

その結果、強度のストレスがある場合には、死亡リスクが43%も高まっていたことが分かりました。ただし、死亡リスクが高まったのは、強度のストレスを受けていた人の中でも、「ストレスは健康に悪い」と考えていた人たちだけだったのです。私は、この点に注目しました。強度のストレスを受けていた人の中でも、「ストレスは健康に悪い」と思っていなかった人たちには、死亡リスクの上昇は見られなかった。それどころか、このグループは、調査をした人たちの中で最も死亡リスクが低かったのです。ストレスがほとんどない人たちよりも死亡リスクが低かったのですから、驚きました。

ストレスは人を賢く強くし、成功へと導く

多くの研究によって、ストレスについての私の考え方はガラリと変わりました。最新の研究成果によって明らかになったのは、「ストレスは人を賢く、強くし、成功へと導く」ということです。人はストレスの経験から学び、成長することができる。そして、勇気や思いやりを持つこともできるのです。

大事なのは、「ストレスについての考え方を変えれば、もっと健康で幸せになれる」という点です。ストレスについてのあなたの考え方次第で、健康はもちろん、人生に意味を見いだせるかどうかまで、様々なことが変わるのです。ストレスに対

処する「最善の方法」は、ストレスを減らそう、避けようとするよりも、ストレスについての考え方を改めて、ストレスを受け入れることなのです。

ストレスとのつき合い方

「ストレスのない仕事はない」という考え方が、良いスタートになるかもしれません。人間にとって、ストレスは「普通にあるもの」なのです。「ストレスを軽減しなければいけない」と、四苦八苦してストレスを取り除こうとする人もいますが、それでは良い結果にはつながりません。

ストレスは、自分が仕事を大切にしているからこそ表れる「サイン」だと考えるといいでしょう。ストレスを感じるのは、「自分の仕事に対して思い入れがある」ことの証しで、一生懸命やっているからこそ、誰かのことを思っているからこそ、ストレスを感じるのです。ストレスは誰もが感じることであると知り、〝ストレスの味〟を自分なりに変えることによって、ストレスとのつき合い方を変えることができます。

ストレスを力に変えたビル・ゲイツ夫妻

本書のレッスン11で書いた「ジョブ・クラフティング」は、自分の仕事を自分で再定義することで、生産性や効率性を高める方法です。ビジネス界から生まれた概念で、ストレスとつき合う時に、非常に役立ちます。

まずは、「リストを作る」ことから始めます。自分の仕事で「やらなければいけないこと」を書き出すのです。例えば、メール、リポート作成、クライアントとのミーティングなどです。同時に、「自分の長所」「自分の人生で何を一番大切に思っているのか」「自分の価値観」などをリストアップします。これらを、「自分の仕事」と一つひとつ、つなげてみるのです。

「説得力のある話し方」が得意だとします。それをメールやリポート作成とつなげて考えるのです。そうすれば、自分の長所をうまく使って仕事をするのに役立ちます。

「人に教えること」が得意なら、メールを書く行為も、「誰かにアドバイスを与える、誰かの役に立つもの」と捉えることができます。これが、ストレスの有害な部分を減らす効果を生みます。「上司が朝令暮改で、自分の時間がない」「煩《わずら》わしいことが多くて、希望を見いだせない」。そう思うことは、「自分が仕事の被害者になっている」ということです。「ジョブ・クラフティング」は、そうしたネガティブな考え方を変えるきっかけを作ってくれるのです。

「ストレスを力に変えた」人の中で、私が感心した人物は2人います。1人は、マイクロソフトの創業者で、社会貢献を目的にビル・アンド・メリンダ・ゲイツ財団を主宰するビル・ゲイツと、夫人のメリンダ・ゲイツです。

彼らは人生で「世界のより大きな問題」と相対していくことを選んでいます。これは「自分よりも大きな目標に貢献する」というマインドセット（心の持ち方・考え方）につながります。自分たちの成功だけを考えるのではなく、自分たちが解決できる一番大きな問題は何かを考え、それを解決するための行動を起こしていく。そこに私は感心させられました。

ストレスを力に変えるために、人生の重要な目標を「自分より大きなもの」に置くと、同じ努力をするにしても、自分を「やる気にさせる」動機が変わります。「自分は能力が高い」「自分は他人よりも優秀である」ことを証明しようとするのではなく、自分が努力しているのは、もっと重要な目標に貢献するためだと思えるようになる。すると自分自身の成功にとらわれず大きな目標に向けて、周囲の人を応援したくなるのです。

もう1人は、フェイスブックの創業者、マーク・ザッカーバーグです。彼は2015年に、パートナーの妊娠をフェイスブックで公表しました。その時、パートナーが流産を経験したことや、そこに至るまでのストレスについても触れた。すごいと思いました。

パートナーの流産について、公の場で書くことはほとんどないでしょう。彼ほどの著名人になれば、世間から難癖をつけられやすくなるものです。にもかかわらず、自らの弱みを吐露し、「自分も人間なんだ」と、公の場で見せた。彼と同じような苦しみを感じている人の中には、「自分は1人ではない」と、勇気づけられた人も多いと思います。

不安を抱え、人生でストレスを感じる経験をしながら、成功している人はたくさんいます。あるカンファレンスに参加した時、某企業の女性CEOがスピーチをしていました。米国では著名な人物で、成功して、非常にパワフルに活躍している方です。

そんな彼女が、不安症をずっと抱えていたというのです。不安症と上手につき合

いながら、不安を力に変え、人生で成功してきたと。これはビジネスで成功すると
いう意味で、とても良い例だと思います。
アスリートや専門家の多くが、同じことを言っています。彼らもたくさんの不安
を抱えている、と。私が好きな言葉の1つに、米航空宇宙局（NASA）の宇宙飛
行士の言葉があります。
「不安というものが分からない人は、結局何も分からないのだ。不安というものが
あるからこそ、それを使って私は深く考えることができるのだ」
成功した人は、「常に落ち着いていて、とても自信があって、不安は一切持って
いない」と思われがちです。が、実際にはそうではない。ストレスを抱え、辛い経
験もしている。そこから力を得て成功している人こそ、理想的な〝成功の体現者〟
ではないかと思います。

「自信をなくしては、すぐに諦《あきら》める」という悪循環

そうは言っても、失敗や逆境はやはり避けたい。そう考える人こそ、「失敗につ
いての考え方」を変えるべきです。世の中の多くの人は、「失敗は何が何でも避け

るべきだ」と思っています。自分の能力を超えた目標に挑んだり、新しいことに挑戦するために努力を始めたばかりの時には、ついそうした考え方になりがちです。

人間は何かで挫折するとすぐに、「やっぱり無理なんだ」と思いがちです――うまくいかなかったのは、自分の能力が足りないか、目標設定が間違っていたのかもしれない、と考える。そうやって、「自信をなくしてはすぐに諦める」という悪循環に陥ってしまいます。

そんな時に役立つのが、「成長思考」です。成長思考では、「挫折は避けられないもの」と考え、障害にぶつかった時には、「持てる力を最大限に発揮すべき時が来た」と考えます。逆境はレジリエンス（精神的回復力）を強化してくれます。過去の辛い経験が役に立つのです。そう考えれば、ストレスを感じても頑張り抜くことができるようになります。

挫折や逆境から力を得る「具体的な方法」――「書くこと」で回復する！

挫折や逆境から力を得るために効く方法の1つが、自分の人生の物語を綴《つづ》ることです。私は、「レジリエンスの物語」と呼んでいます。例えば、自分のキャリア、人間関係、社内のプロジェクトについてでも構いません。それを書いて、自分で読んでみるのです。

自分の人生に何が起きたのか、そこからどんな意味を見いだせるのか。自分の長所は何か。何を学んだのか。そのことを自分で書いて読むことによって、逆境を通して力を得ることができます。将来に対する楽観的な見方も、そこから生まれてきます。

逆境を経験したから強くなるわけではなく(そういう人もいますが)、一番大切なのは、逆境の物語を自分が「レジリエンス(回復)の物語」として読むことによって、マインドセットが変わるのです。そして、逆境が力になっていきます。

私は最近、全米の著名なエグゼクティブを集めてトレーニングを行いました。そこでは、「成長思考」の観点から、自分のキャリアについて話してもらいました。皆の前で、自分が失職した時のことや、うまくいかなかったプロジェクトについて、話してもらったのです。その経験から、自分のどんな強さを見つけ出すことができたのか。どんなことを学ぶことができたのかを、改めて考えてもらったのです。

この方法は1人でやっても効果のあるエクササイズですが、私はこれをグループで話すように仕向けました。各人がそれぞれの「成長思考」に触れることで、さらなる良い効果が生まれるからです。こうして自分で物語を綴ったり、人前で話したりすることは、成長思考を生み出す力になります。

「ストレスが強すぎる」場合

本当のトラウマ（心的外傷）を経験されている人、例えば、犯罪の被害者であったり、愛する人を亡くしたりして、大きなストレスを経験する人はいます。彼らが本当に前に向かっていくためには、「自分の経験を考えないようにすること」は、何の助けにもならないことが、様々な研究で明らかになっています。そのことについて考えないようにし、逃避していると、「自滅行動」につながってしまうことが多いのです。

心理学の世界には、「侵入型反芻《はんすう》」と「意図的反芻」という考え方があります。「侵入型反芻」とは、「自分に起きたことをどうしても思い出さずにはいられない、でも思い出したくない」というものです。「あの時に別の道を選んでいれば被害者にならなかった」「こうしていれば、人を傷つけずに済んだ」という〝二者択一な思考〟を頭の中で思い描くのですが、これはPTSD（心的外傷後ストレス障害）と深く関わりがある状況です。

もう1つの「意図的反芻」は、「意図的に思い出す」ことです。自分自身が選んで、思い出す。つまり、「自分で何があったのか思い出してもいい」という許可を、意図的に自分に与える、ということです。「こうすればよかった」というのは後ろ向きな考え方ですが、前に進むための力というのは、この「意図的反芻」から生まれます。

大事なのは、何かが起きた時に、「なぜ私にこんなことが起きたのか」と考えるのではなく、「何のために起きたのか」と考えるのです。「なぜ」ではなく「何のために」と考える。これこそが、「成長思考」です。

逆境は起きてほしくないと思っても、実際には起きてしまっているわけですから、それをいったんは受け入れる。そしてその経験から、自分自身がより良い状態になるためにどうしていくのか。あるいは、その経験が、他人を助けるためにどう役立つか。そうやって考えていく方法です。

そのためにも、「書く」ことが大事です。自分の経験を書く行為というのは、ヒーリング効果が最も高いやり方なのです。感じていること、起きたことを「言葉にする」ことは、癒やしの効果があると、研究で分かっています。

そこで大事なのは、「感じていることをただ綴る」ということです。この時に注意しないといけないのは、「あの時は大変だった、でもよかったんだ」というところからスタートしないことです。

「自分にどんな辛いことが起きたのか」ということを受け入れながら、「ありのままに自分が感じたこと」を書くことが大切です。何度も書いていく中で、自然発生的に〝前向きなエネルギー〟が生まれてくるのです。

『スタンフォードの自分を変える教室』（大和書房）でも触れていますが、受容の姿勢を持つことによって、自分の中にある素晴らしい力や洞察力にアクセスすることができます。そこでも、いかにストレスを包容して、力に変えていくのかを書いています。これは革新的なマインドセットではありますが、本当に苦しかったこと、辛かったことと直面せず、「自覚しない」やり方では、本当の意味でストレスを包容することにはならないのです。

「ストレスへの耐性」を高めるエクササイズ

ストレスを乗り越えていくためには、ヨガや瞑想も有効です。ヨガや瞑想はメンタル面では、「自分がそこに100％在《あ》る」というような感覚に促されると言います。

でも実際にヨガや瞑想をすると、不安や自分の欠点といった「嫌なこと」から逃げずに、その場に在り続けなければなりません。実はこうした行為こそが、ストレス耐性を上げるのです。どんなに居心地が悪くても、そこから逃げない。ヨガや瞑想は、そうしたエクササイズでもあるのです。

肉体面でも、ヨガや瞑想は神経系のバランスを取りやすい行為と言われています。ヨガや瞑想をすると気持ちが落ち着くと思われるかもしれませんが、体の働きは逆に、活発になっているのです。心拍数が上がったり、男性ホルモンが放出されたりします。そうした反応が起こることで、ストレスホルモンの構成も変わっていきます。

簡単に言えば、本書のレッスン18「『不安』を逆手に取る」の中で触れている

「チャレンジ反応」に、非常に近い状態になります。この状態では、心拍数は上昇し、アドレナリンが急増し、筋肉と脳にエネルギーがどんどん送り込まれ、気分を高揚させる「脳内化学物質」が急増します。

こうした、いわゆる「フロー」の状態（自分のやっていることに完全に没頭している望ましい状態）にある人には、「チャレンジ反応」の特徴が表れます。これは一心不乱にパフォーマンスに取り組んでいる状態と同じです。その時に、精神的にも肉体的にも力が湧いてきます。結果、自信が強まり、集中力が高まり、最高のパフォーマンスを発揮することができるのです。

ヨガや瞑想だけでなく、ウオーキングでも構いません。どんなエクササイズでも有効です。

ストレスを武器に変え、成長するためのルール

ルール① 「ストレスは健康に悪い」と思わないこと

→ 1998年に米国で、3万人の成人を対象に行われた調査によると、強度のストレスを受けていた人の中でも、「ストレスは健康に悪い」と思っていなかった人たちには、死亡リスクの上昇は見られなかった。それどころか、このグループは、調査をした人たちの中で最も死亡リスクが低かった。

ルール② ストレスを「減らそう、避けよう」としないで、ストレスを「受け入れる」こと

→ 人はストレスの経験から学び、成長できる。ストレスについての考え方次第で、健康はもちろん、人生に意味を見いだせるかどうかまで、様々なことが

変わる。多くの研究から、「ストレスは人を賢く、強くし、成功へと導く」ことが分かっている。

具体的な行動

- 「ストレスのない仕事はない」と考える
- ストレスは、自分が仕事を大切にしているからこそ表れる「サイン」だと考える

ルール3 「ジョブ・クラフティング」を活用すること

「ジョブ・クラフティング」とは→レッスン11 ルール3参照。

具体的な行動

- 「ToDo（やらなければいけないこと）」リストを作る

例 メール、リポート作成、クライアントとのミーティングなど

- 「自分の長所」「人生で何を一番大切に思っているのか」「自分の価値観」な

どをリストアップする

↓ それを、「自分の仕事」と一つひとつ、つなげてみる。

例「人に教えること」が得意なら、メールを書く行為も、「誰かにアドバイスを与える、誰かの役に立つもの」と捉える

ルール④ 人生の重要な目標を「自分より大きなもの」に置くこと

↓ 同じ努力をするにしても、自分を「やる気にさせる」動機が変わる。「自分は能力が高い」「自分は他人よりも優秀である」ことを証明しようとするのではなく、自分が努力しているのは、もっと重要な目標に貢献するためだ、と思えるようになる。すると自分自身の成功にとらわれずに、大きな目標に向けて、周囲の人を応援したくなる。

ルール⑤ 「成長思考」で考えること

具体的な行動

・何かが起きた時に、「なぜ私にこんなことが起きたのか」と考えず、「何の

ために起きたのか」と考える

↓

逆境は起きてほしくないと思っても、起きてしまうこともある。それをいったんは受け入れる。そしてその経験から、「自分自身がより良い状態になるために、どうしていくのか」「この自分の経験が、他人を助けるためにどう役立つか」考えていく。

ルール❻ 自分の経験を「書く」こと

↓

「自分の経験を書く」行為は、ヒーリング効果の高い方法。感じていること、起きたことを「言葉にする」と癒やしの効果があると、研究で分かっている。「ありのままに自分が感じたこと」を書くことが大切。何度も書いていく中で、マインドセットが変わり、自然発生的に〝前向きなエネルギー〟が生まれてくる。

ルール❼ エクササイズをすること

↓

「フロー」の状態（自分のやっていることに完全に没頭している望ましい状態）になり、本書のレッスン18「『不安』を逆手に取る」の中で触れている

「チャレンジ反応」に近い状態になる。これは一心不乱にパフォーマンスに取り組んでいる状態と同じ。その時に、精神的にも肉体的にも力が湧いてくる。結果、自信が強まり、集中力が高まり、最高のパフォーマンスを発揮することができる。

具体的な行動

・ヨガや瞑想をする

（メンタル面）

ヨガや瞑想は、「自分がそこに100％在る」という感覚に促されるという。実際にヨガや瞑想をすると、不安や自分の欠点といった「嫌なこと」から逃げずに、その場に在り続けなければならない。どんなに居心地が悪くても、そこから逃げない。実はこうした行為こそが、ストレス耐性を上げる。

↓

（肉体面）

ヨガや瞑想は神経系のバランスを取りやすい行為と言われている。ヨガや瞑想をすると気持ちが落ち着くと思われているが、体の働きは逆に、活発になっている。心拍数が上がったり、男性ホルモンがより放出され、「チャレン

↓

ジ反応」に非常に近い状態になる。この状態では、心拍数は上昇し、アドレナリンが急増し、筋肉と脳にエネルギーがどんどん送り込まれ、気分を高揚させる「脳内化学物質」が急増する。
・ウオーキングでも、同じような効果が得られる

「やってはいけない！」ルール

●「ストレスを軽くしなければ」と考え、取り除こうとする
●何かで挫折するとすぐに、「やっぱり無理なんだ」と思う
●何かが起きた時に、「なぜ私にこんなことが起きたのか」と考える

第6章 リーダーシップを、どう育てるか

リーダーシップにも、「意志の力」が関係する!?
「上から目線」と「優しさ」、どちらが正しいか

Lesson 23

リーダーシップの身につけ方

米スタンフォード大学のビジネススクールでは2013年、「思いやり／共感型リーダーシップ」というコースがスタートしました。

その初日の授業で、私は2枚の写真を学生に見せ、「どちらがリーダーに見える？」と尋ねてみました。1枚目の写真は、偉そうな顔をした中年男性の顔が写っています。口元は固く閉じられ、口の片方だけが少し引きつるように、ニタニタした感じで笑っている。目は相手を評価するように見下している〝上から目線〟の写真です。

2枚目の写真は、少し若い女性のもの。彼女は前をしっかりと見据えていますが、穏やかな笑顔を浮かべて、優しさと思いやりが表情から見て取れます。頭を少し傾けているので、〝上から目線〟で人を評価するというよりも、優しく話を聞いてくれそうな印象です。

学生たちの笑い声が教室にあふれました。どちらが正解か分からないので、苦笑いしたのでしょう。学生からすれば「最低！」の人間に見える男性の方が、よりリーダーらしく見えるから、戸惑ったのかもしれません。

読者の皆さんは、どちらだと思いますか。

答えは、「どちらか一方ではなく、両方ともがリーダー」です。

「見下す人」「思いやりがある人」リーダーシップには二面性がある

この問題は、米ノースカロライナ大学のビジネススクールで行われた研究が基となっています。何人もの人にインタビューを受けてもらい、その時撮影したインタビューの様子を専門家に見せて、移り変わる表情の分析を行いました。さらに、他の分野の専門家にも見せ、各人が持つリーダーシップについて調べてもらったのです。

その結果、リーダーシップには二面性があることが分かりました。人を見下す傾向にある人、優しく思いやりを示す人、どちらも素晴らしいリーダーの素質があるという結果でした。

実際の仕事の現場でも、同じ調査をしました。同じプロジェクトの仕事をしている同僚同士で、人を見下すタイプか、思いやりを持つタイプかを、お互いに評価してもらいました。また、プロジェクト遂行に当たりどれぐらいリーダーシップを発揮しているかも聞いてみました。この研究でも、「上から目線の人」「思いやりの強い人」、どちらも良きリーダーであることが分かりました。

データを解析した結果、「人を見下す」ことと「思いやり」は、その人の強さと知性の表れとして解釈されていることも、明らかになったのです。

ビジネスの世界では「思いやりは弱みにつながる」と思われているため、スタンフォード大学ビジネススクールの学生たちは、この結果に驚いていました。学生たちは「これからの時代、リーダーシップを発揮する際に思いやりが大切になるだろう」と考えていたからこそ私の授業を受講したと思うのですが、ほとんどの学生たちは「思いやりがリーダーシップとどう関係しているのか」について、理解していませんでした。

賄賂や汚職が横行する国から来ている学生もいれば、「冷酷な競争に勝ち抜くことが最優先事項。気持ちよく協力して働くなんてあり得ない」といった業界で働いていた学生もいました。こうした学生に対して、「人に優しいナイスな人物になったらいいわよ」と言っても、説得力に欠けますよね。

それでも、私はビジネスのプロでもある学生たちを相手に授業を始めるに当たり、この2枚の写真を見せることからスタートしています。それは、この研究がリーダーシップの矛盾点を的確に表現しているからです。

やろうと思えば、威嚇や脅しで自分の立場を有利にすることはできます。実社会での経験を持つ学生たちは、威嚇や脅しで相手をひれ伏させようとする場面に何度も出くわしてきたはずです。

けれども人は「公平で親切心にあふれ、相談相手になる」ことで、尊敬を勝ち取ることもできるのです。

実際、学生たちに「自分の人生にとって必要なリーダーはどんな人？」と尋ねると、多くの学生が「自分を受け入れてくれて、ゴールまでサポートしてくれて、人間として扱ってくれるリーダーがいい」と答えるのです。

スタンフォードが定義した「思いやり」とは

もちろん、思いやり／共感型リーダーシップは「優しい笑顔があればいい」といった単純なものでないことは分かっています。「スタンフォード 思いやりと利他心の研究教育センター」では、思いやりを構成する要素として以下の3点を挙げています。

❶他者の要求、要望、苦難に対する配慮。
❷他者との相互依存の気持ちを持ち、相手を思いやり、強い関係を築くこと。
❸他者の必要を満たし、苦しみを軽減させ、幸福のための支援をすること。

温かい家庭を思い起こしてください。悲しみに気づき、心配し、苦難に心動かされ、相手を励ます。そのための行動を起こすのが、温かい家族です。思いやり／共感型リーダーシップは、温かい家庭で取られる態度と同じです。「自分の属している組織や地域社会が成長するのを見たい」という気持ちを根っこに持つ。そのためには、個人的な成功を一番にするのではなく、組織全体のゴールを目指すことが求められるのです。

他者のニーズに、心から関心を持つことも必要です。自分が成し遂げたいことのために彼らのニーズを利用するのではなく、彼らの満足感や幸福感を心から気にかけることが大事です。最近の研究によると、思いやり／共感型リーダーシップは、強く、モチベーションの高い集団を作り、さらにリーダー自身の「燃え尽き症候群」を防げることが明らかになっています。

リーダーの立場にいない人にも「必要な資質」

思いやり／共感型リーダーシップは、指導者だけに必要な素質ではなく、指導的な地位にない人にも必要です。どんな立場にいようが、自分の仕事について思いやりを持って見直すことです。例えば、不満だらけで苦情を訴えてきたり、無理な要求をしてきたりする顧客にどう対応すべきかを考える際、思いやりを持って対処してみましょう。

イヤな客に対応するのは苦痛を伴う作業です。自分が個人的に責められていると感じるかもしれません。「私が悪いのではない、お客さんが悪いのだ」と自己防衛に走るかもしれない。「顧客のわがままにつき合わされるなんて時間とエネルギーの無駄だ」と感じるかもしれません。

しかし視点を変えて、「不機嫌な客に攻撃される自分のストレス」に注目するのではなく、「誰かの心配事を解決してあげられる喜び」に関心を向けることができる、そのチャンスを得られると考えてみてください。そう考えることで、その苦しみが「顧客の心配事を、簡潔明快な答えをもって解決できる」という喜びに変わるかもしれません。

「会社から求められる仕事を成し遂げる」という点では、思いやりを持って顧客に対応する、しない、どちらの対応でも、結果自体は同じかもしれません。しかし思いやりを持って問題解決に当たることは、仕事への認識を変え、さらに、周囲の人たちからのあなたへの評価も、変えることにつながるのです。

「この仕事、おっくうだな」と思う瞬間が私にもあります。そんな時、「この仕事が『思いやりのある教師、助言者になる』という目標を達成するために私を鍛え、導いてくれる」と考えるようにしています。学生の成績をつけたり、講演のために出張することは苦痛でしたが、今では、心から楽しんでやれるようになりました。

自分にとって「一番価値のあるもの」は何か

思いやり／共感型リーダーシップを実践するもう1つの方法は、自分にとって一番価値があるものは何かを常に考えることです。ほとんどの会社や職場では「イノベーションが大事だ」「コラボレーションを重視せよ」「お客様第一」といった企業価値を目標に掲げています。しかし、「自分にとって一番大切な価値は何か」を考えてみてください。

ある研究によると「自分の価値観について考えることが、思いやりのある行動につながる」ことが明らかになっています。それはあなたが「他者、あるいは自分よりも大きな何かとつながっている」と実感させてくれるからです。

価値観について考えることは、新しい情報を受け入れる時や周囲からの様々な反応に対して、広い気持ちを持って対処するのにも一役買ってくれます。「自分にとって一番大切な価値は何か」を意識することは、リーダーだけでなくすべての人に有益です。学び、成長するために大事な要素だからです。

私は毎朝、「今日は、どんな価値観を表現してみせようか」と考えることからスタートします。勇気を示すこと、周囲の人たちを大事にすること、そしてもちろん思いやりを持つことです。私は朝起きると、自分が大切にしている価値観を思い出し、それをその日のイベントや仕事にどう生かせるかを考えます。

「自分が大切にする価値観」は、難しい選択を迫られた時や、苦難に直面した際の道しるべにもなります。私が難しい決定を任された時、いつもこの「自分の価値観」とつなげて考えるようにしています。「勇気をどう発揮できるのか」「恐怖や心配から導き出される選択は何か」を、自分に問うのです。

周囲の人たちをどう巻き込むかを考えることも大切です。「自分以外の誰の意見を取り入れるべきか」「ほかに考慮すべき関係者はいるか」「どうしたら要望・意見をもっと知ることができるか」「ほかに知恵を貸してくれる人はいないか」「誰かと協力すべきところを、自分1人でやろうとしていないか」と、自分に問うのです。

最後に、自分自身に対して心を配ることも、思いやり／共感型リーダーシップには大切なことです。企業の重役や上級管理職の人間に聞くと、「自分を思いやるのが一番、難しい」と、誰もが口を揃えて言います。「他の人を思いやる方がまだ易しい」と感じる人が多いのです。しかし、自分に対して思いやりの気持ちを持つことは、力強さの源泉であり、サービス精神を発揮するための源です。最も素晴らしいリーダーは、自分の幸福を大事にする人だと断言できます。

健康や幸せを犠牲にするリーダーは、メンバーも同様にそうすべきというメッセージを発信しているようなものです。これは、「自己破滅」「燃え尽き症候群」といった社風を作り上げかねません。自分を思いやれる人こそが、周囲の人々に思いやりを持つことができる人であり、メンバーが互いに思いやる空気を作れる人です。

最高の仕事をするために、毎日1つでいいから「自分にとって最高」と思うことを続けてください。私にとっては、運動です。どんなに忙しくても、運動するための時間を毎日作るようにしています。忙しくて疲れ切っていても、「今日は運動はやめよう」と考えるのではなく、「何とか工夫して運動する時間を確保しよう」と考えるようにしています。

本書を読まれている読者の皆さんはそれぞれ、違った仕事や目標をお持ちだと思いますが、皆さんに提供したこのアイデアが「思いやりのあるリーダーシップ」を実践するのに役立ってくれることを願っています。皆さんそれぞれが思い描くリーダーになるために今、動き出すべきです。思いやりを持つことで、新たなチャンスが生まれる。そのことを信じて、頑張ってほしいと願っています。

Lesson 23 のポイント

リーダーシップを身につけるためのルール

ルール1 「思いやり」とは？

↓「思いやり」には、3つの要素がある。

- 相手のニーズ（要求・要望）を満たし、苦難に配慮すること
- 相手を思いやり、強い関係を築くこと（相互依存の気持ちを持つこと）
- 相手の必要を満たし、苦しみを軽減させ、幸せになるためにサポートすること

※「スタンフォード思いやりと利他心の研究教育センター」による定義

具体的な行動

- 「温かい家庭」を連想する

家族の悲しみに気づき、心配し、苦難に遭えば心動かされ、相手を励ます。そのための行動を起こすのが、「温かい家族」。「温かい家族」で取る態度と同じように、組織内で振る舞ってみる。

「自分がいる組織や地域社会が成長するのを見たい」という気持ちを根っこに持つ。

そのために、「個人的な成功」を一番にするのではなく、「組織全体のゴール」を目指す。

ルール❷ 毎朝、自分にとって「大切なこと」「一番価値のあること」は何か、考える

↓ 自分の価値観について考えることが、思いやりのある行動につながる

ルール❸ 周囲の人をどう巻き込むか、考える

具体的な行動
「自分以外の誰の意見を取り入れるべきか」
「ほかに考慮すべき関係者はいるか」

「どうしたら相手のニーズ・意見をもっと知ることができるか」
「誰かと協力すべきところを、自分1人でやろうとしていないか」
を、振り返る。

ルール④ 自分自身を大切にする（自分自身に思いやりを持つ）
＝毎日1つ、「最高！」と思うことを続ける

「自分を思いやる」ことが、実は一番、難しい！
↓
自分を思いやれる人　＝周囲の人に思いやりを持つことができる人
　＝メンバーが互いに思いやる空気を作れる人
自分に対して思いやりの気持ちを持つことは、力強さの源泉になり、相手にサービス精神を発揮する源泉になる。

具体的な行動
例「(自分が大好きな) 運動をする」
　忙しくて疲れ切っている日でも、運動するための時間を毎日、作るようにする。

「今日は運動をやめよう」と考えるのではなく、「何とか工夫して運動する時間を確保しよう」と考えるようにする。

「やってはいけない！」ルール

自分の健康や幸せを犠牲にする
健康や幸せを犠牲にするリーダーは、「メンバーも同じようにすべき」というメッセージを発しているようなもの
↓「燃え尽き症候群」「自己破滅」といった雰囲気を作りかねない。

Lesson 24

不正行為をしないために

企業の重役や政治家、他のリーダーたちの非倫理的な行動が後を絶たないようです。「リーダーシップの立派な模範」のように見えた人が、深刻な不正行為に加担していることが明らかになっています。そうした不正行為や偽善が表沙汰になるたび、「その人たちはもともと性格的に欠陥があったのだ」と証拠立てるように言うのは簡単です。彼らは最初から悪い人間で、良心や善悪の区別が欠けているに違いないと。

場合によっては、それが正しいことも確かにあります。自らの地位を利用して人から搾取《さくしゅ》したりだましたりすることに、良心の呵責《かしゃく》を感じない反社会的な人（ソシオパス、社会病質者。人格に障害があり、その行動が反社会的な形で表れる人）、ということもあるでしょう。

しかしそれでも、心理学の研究によると、非倫理的な行動は必ずしも持って生まれた性格的気質からくるものではないことが明らかになっています。それどころか、悪い判断というのは、心理的な要素と社会的な要素が組み合わさった結果、起こるものなのです。「倫理的に正しく業務を遂行しよう」と、しっかりと心に決めている私たちのような人間でさえも、その影響を受けやすいのです。こうした事実を意識することは、倫理観や価値観に反する誘惑に抵抗する助けとなります。

考え方の落とし穴① モラルライセンス（倫理的許諾）

「自分が倫理的なことを実際に行った」と感じる時、人は非倫理的な行動を取りやすくなります。心理学者はこれを「モラルライセンス（倫理的許諾）」と呼んでいます。過去によい行いをしてきたのだから、先に進むに当たって、よい判断を下すことにさほど心を配らなくてもいいという「ライセンス（許諾）」を、自分に与えてしまうのです。

例えばある研究によると、寛大な行動を取った時のことを思い出すよう言われたビジネスリーダーは、彼らの会社が規制順守のために必要な「コストがかかるけれども重要な変革」を承認することに消極的でした。別の調査では、環境に優しい選択をする人は、「儲《もう》けが得られそうなゲーム」でズルをする可能性が高いという結果が出ました。この人たちが地域団体の基金を集める時に、そこからお金を持ち出してしまう可能性が高いことも、この研究で分かったのです。

驚いたことに、この「モラルライセンス」は、「自分がとても道徳的だ」というイメージを抱く時に、特に起きやすいのです。

英国にあるロンドン・ビジネススクールの研究者は、フォーチュン500（米「フォーチュン」誌が年1回発行する、全米上位企業500社ランキング）の中の、上場企業49社のCEO（最高経営責任者）の行動を分析しました。

過去、企業の社会的責任について認められた業績があったCEOは、後に不祥事を起こして告発されている確率がかなり高いことが分かりました。過去に取ったよい行動や目覚ましい評価から「疑いなく倫理的に信任されている」と見なされている人は、自分の行動に注意を払うのを怠《おこた》ってしまう傾向があるようです。

この「モラルライセンス」の落とし穴にはまらないためには、自分の判断は「他に影響を受けない、独立した選択だ」と考える必要があります。よい判断と悪い判断のバランスを取るような「ものさし」はありません。過去のよい行いが、不正行為を帳消しにすることはないのです。

何かを選択するに当たって、それが倫理的にどんな意味があるのかに注意を払わず、「自分は品行方正だ」と思い始める時、人は「モラルライセンス」の落とし穴にはまってしまうのです。

私は、どんな選択に対しても倫理的な重要性をはっきりさせることから始める「意思決定のプロセス」を教えています。ここでの利害関係者は誰か。彼らにとって何が大事なのか。あなたの判断が、彼らにどんな影響を与えるのか。

次のステップでは、様々な選択によって、誰が、または何が損なわれるのかを考えます。損害やリスクを常に避けることはできませんが、それを認識しておくことで、偶然に、あるいは意図せずして、あなたが他者に損害を与えるという状況に陥りにくくなります。

最後のステップは、あなたにとって何が最も重要な倫理的価値なのか、あなたの判断を形作っている倫理的価値観は何かを、考えることです。それは「正直さ」でしょうか？　それとも「透明性」？「組織の将来を守ること」でしょうか。最も重要だと思うことが何であろうと、あなたの判断がその価値観を反映しているものかどうか、確認してください。

悪い判断を下したことが周囲に知られて感じるであろう「不名誉な事柄」を想像

する時、人はよい判断を下す可能性が高いことが、研究で分かっているのです。

考え方の落とし穴❷ 「意志力」の枯渇・消耗

1日の間で、自制心が尽きる傾向があることは昔から知られています。疲れて集中力がなくなるにつれて、誘惑に打ち勝つ意志力を出すのが難しくなります。1日の後半にはあなたは短気になり、カネ使いが荒くなり、食べ過ぎたり飲み過ぎたりしやすくなります。

心理学者はこの状態を「『意志力』の枯渇・消耗」と呼んでいます。最近では、道徳的な選択をする時にも、この「意志力の枯渇・消耗」が当てはまることが分かってきました。エネルギーレベルが落ちる1日の後半に、「非倫理的な判断」が増えるのです。

米ハーバード大学「エドモンド・J・サフラ財団倫理センター」の最近の研究によると、人は朝よりも午後の遅い時間に、嘘をついたり、騙《だま》したり、盗んだりしようとすることが分かってきました。

疲れたというだけで、実直な社員が突然お金を横領しようと決める、ということは起こりそうにありません。しかし、「意志力」の枯渇・消耗によって、ミスを隠したり、手抜きをしてしまったり、小さな嘘をついてしまう可能性は高いのです。

この落とし穴を避けるには、どうしたらいいでしょう。

疲れている時に、意志力が衰えるのを避けるのと同じ方法です。ルールにあらかじめコミットするのです。

あなたの意思決定の基準は、日中の時間帯によって変わるべきではありませんし、前夜に何時間寝られたかによって変わるべきでもありません。研究によれば、人はあらかじめルールにコミットせざるを得ない状況では、いい判断を下す妨げとなる他の要因に影響されにくくなることが分かっています。

例えば、教授としての私のルールはいつも「公正さ第一」です。私がふとしたことから試験問題を難しくしすぎたため、成績をつけ直すべきかどうか迷ったり、課題が遅れた学生にペナルティーを科すべきか迷ったりしたら、私はこの「公正さ第一」を、意思決定の〝発見法（基準）〟にします。

このルールを信頼することで、不満を持つ学生に対応したくない時や、成績をつけ直す時間がないことにプレッシャーを感じる時、安易な道を選ばずに済むのです。

考え方の落とし穴③

権力は〝共感力〟を下げる

人は意思決定の権限を持つと、他者への共感を感じにくくなる傾向があることが、研究で分かってきました。

神経科学者によれば、共感を感じる脳の最も基本的な組織——他人が何を考え、何を感じるか理解するのを助ける神経細胞「ミラー細胞」——は、高い地位に就くと、その権力が恣意的なものであろうが一時的なものであろうが、機能が損なわれることが分かってきたのです。

高い地位にいる人は、他人の感情を認知する能力が低いのです。同様に、地位の低い人が直面する困難に対して同情する気持ちが少なくなり、助けようとする気持ちは薄れていきます。

この〝共感力の欠如〟は、意図的に、非倫理的ではない選択につながることもありますが、他人への影響力を顧みないことで、周囲に害を及ぼすこともあります。例えばマネジャーの地位にある人は、自分のチームが直面しているプレッシャーが分からないかもしれませんし、本人の批評がチームのやる気や成果を削いでしまっていることが、分からないのです。

権力を持つ人は、皮肉な行動や振る舞いが増えていき、非倫理的な行動が助長されることもあります。自分の地位が上がるにつれて、「周囲の人が自己中心的に行動している」と思い込む傾向が強まることが、研究で明らかになっています。

1つには、権力を持つ人は、お世辞や贈収賄、裏切り、そのほか様々な形での〝社会的操作〟の標的になってしまうことが原因です。高い地位にいると、周囲の人がその人を妬んだり、その人の権力や資産にさらに近づこうとする機会が増えるため、ほかの人を信頼するのが難しくなるのです。高い地位に就いたことで皮肉な行動や振る舞いを取るようになり、尊敬すべき関係を基に判断しなくなったり、〝より大きな善〟をサポートする機会が少なくなったりする傾向があると、研究で分かっています。

もしあなたが高い地位に就いているなら、意図的に共感を感じられるよう、訓練する必要があるかもしれません。あなたの決断によって影響を受ける人々に、フィードバックや提案を求めてみましょう。誰かがあなたに話しかけている時にはしっかりと注意を払う、といった単純なことを含め、「聞く技術」を伸ばしましょう。そして、彼らが言っていることを理解しているか確かめるために、質問をしてみましょう。

自分が皮肉な行動や振る舞いをしていないか、チェックする方法も考えてみてください。特に、地位が上がり権限が広がるにつれて社会的に孤立しているように感じたら、なおさらです。意識して他人を評価する練習をすることも、役立ちます。あなたにお世辞を言ったり、あなたを〝操作〟しようとする他人に気を取られるのをやめて、チームや組織に本当の意味で貢献している人を見つけてください。その人たちに気づき、感謝することは、皮肉な態度を取ったり、非倫理的な判断をする機会を減らす「相互依頼の考え方」の支えになってくれます。

考え方の落とし穴④ 「ミスが発覚する前に、修正できる」と思うこと

米国内企業による不正行為についての最近の分析では、SEC（米証券取引委員会）が捜査した企業の不正行為事件の75％は、非現実的な「高い利益予測」を初期計画として立てたことが原因で起きていました。

楽観主義が、どうやって不正に発展するのでしょう。楽観的な予測と現実とがかけ離れていた時、企業は「収益を何とかしよう」とします。利益が後からついてくることを願うのです。それは「楽観主義」から「詐欺行為」への〝滑りやすいスロ

ープ〟です。この種の考え方が、職場での不正行為の背景、温床になっているのです。

間違いを認めるのを恐れたり、期待されたほど成果を上げられなかったことを恐れるあまり、問題を修正するよりも、真実を隠す方法を探してしまうのです。自己改善よりも自己保全を優先させることが、「そのほかの点では立派な従業員」を、悪い行動に駆り立ててしまう主因なのです。

滑りやすいスロープを避けるためには、間違いを犯したと気づいたらすぐに、その間違いを正す行動を取ることです。間違いや悪い知らせを隠したいという誘惑が襲ってきたら、「真実は必ず突き止められる」と考えて、「その真実をどう知られたいか」、考えるようにしましょう。

あなたがリーダーの地位に就いているなら、間違いから学ぶことをよしとする文化を作りましょう。間違いから学ぶことができる組織は、失敗を分析し、変化に対してオープンであることを人に勧める方針を立てています。

例えば米軍では、大事な任務の後は強制的に、「アフターアクション（行動後の）レビュー」というチェックを行います。このデブリーフィング（任務後の報告会）では、４つの質問に集中します。何に着手したのか。実際に何が起きたのか。それはなぜ？　次回、何をすべきか。

罰せられることなく間違いを告白することを可能にする「非難のない報告」というこのポリシー（方針）のおかげで、多くの病院が医療ミスを認め、将来起こり得るミスの再発を防ぐための組織改善に取り組む一助になっています。リーダーとしてミスや失敗にどう対処するかで、不正行為を減らし、透明性のある環境を作ることができるのです。

結果的に悪いことをしてしまった人のほとんどは、よいことをしたいと思うところから始まっているのです。今回ご紹介した戦略は、リーダーたちがはまりやすい共通の「心理的な落とし穴」のいくつかを避けるのに役立ちます。「ほかの人もこうした落とし穴にはまりやすいのだ」という現実を理解することによって、彼らがそうならないような方針を立て、間違った選択をしないように助けることができます。

不正行為をしないためのルール

**ルール1 人は、「倫理的によいことをする」と、「非倫理的なことをしやすくなる」と知る
これを「モラルライセンス（倫理的許諾）」と呼ぶ**

「モラルライセンス」（倫理的許諾）とは？

↓

「過去によい行いをしたのだから」とスキが出て、「よい判断を下すことにそれほど心を配らなくてもいい」という「ライセンス（許諾）」を、自分に与えてしまうこと。

ルール② 疲れがたまり意志が弱くなると、小さなウソをつきやすくなると、覚えておく

ルール③ 昇進・出世したら、「共感力が下がる」と知る

→意思決定の権限を持つと、他人に同情する気持ちが少なくなり、助けようとする気持ちが薄れる。この〝共感力の欠如〟が起きると、非倫理的な行動を取りやすくなる。

具体的な行動

- 今より高い地位に就いたら、他者に共感できるよう訓練する
- 自分の決断によって影響を受けた人々から、フィードバックや提案を受けてみる

ルール④ 「ミスが発覚する前に、修正できる」と思わない

具体的な行動

- 間違いを犯したと気づいたらすぐに、その間違いを正す行動を取る
- リーダーの地位に就いているなら、間違いから学ぶことをよしとする文化を作る

例えば、罰せられることなく間違いを告白することを可能にする「非難のない報告」を奨励する

↓

リーダーとしてミスや失敗にどう対処するかで、不正行為を減らし、透明性を高める環境を作ることができる。

「やってはいけない！」ルール

「過去によいことをしてきたから、将来も自分はよいことをする」と思うこと

Lesson 25

フィードバック（評価）の伝え方

私が注力している仕事の1つに、「フィードバック」があります。初めて心理学の授業を行う米スタンフォード大学院生であろうと、自分のスキルを磨こうとしているベテラン教授であろうと、彼らを観察し、フィードバックをすることに、多くの時間を割いているのです。

最初のうちは、「どんなフィードバックでも、ほとんどの人が不安な気持ちになっている」ことは明白でした。私がまだ何も言っていないのに、泣き始める人もいたほどです。その人たちは「自分はいい教師ではないのではないか」という不安と恐怖を募らせ、私が彼らの業績について厳しい評価を下して、彼らの恐れを真実にしてしまうのではないかと、想像していたのです。

私がメンター（助言・指導してくれる人）として指導していたある女性に「全く悪気なく発した質問」をした時、彼女が泣き崩れてしまったことがあったのですが、それは私のキャリアの中で最悪の経験の1つでした。彼女は「教師に必要な資質を持っていない」と私に言われたと、勘違いしてしまったのです。

フィードバックを与える時は、権力を乱用しない

フィードバックをし始めた最初の数年で、多くのことを学びました。最も重要な「気づき」は、フィードバックを与える立場というのはある意味「権力」であって、その権力を乱用しないことが極めて重要だ、ということです。

フィードバックを受けて学ぼうとする人は、同時にフィードバックによって傷つきやすいのです。そしてフィードバックに抵抗する人――すぐに言い訳をしたり、失敗を他人のせいにする人――は、「自己イメージ」が傷つかないよう、自分を守ろうとしているだけなのです。

どちらのタイプの人も、無遠慮に厳しく批判するようなフィードバックが、ためになることはありません。どんな批判も、学び、成長するきっかけとなるような形で「フィードバック」を与える必要があるのです。

こうした経験によって、どうフィードバックしたらいいのかがまとまりました。

管理業務部門スタッフの年次業績評価でも、同僚と行うプロジェクトの正式な報告会でも、メンターを務める人の授業の評価でも、それがどんな状況のフィードバックであろうと、やり方に変わりはありません。「どうしたら改善できるか」を考える心境に導けるプロセスに従って、一人ひとりに寄り添いながらフィードバックします。

その「プロセス」を経験することで、肯定的なフィードバックと否定的なフィードバック、どちらも受け入れることができるようになってもらって、そのフィードバックが私のゴール（目標）ではなく、その人たちのゴールにとってどういう意味があるのか、考えさせます。

そのプロセスは、次のように進みます。

「フィードバック」のやり方

❶まず、どんな分野であろうが、
その人のゴール（目標）がどこにあるのか聞きます。

「そのプロジェクトの意図するもの・目的は何だったのでしょうか」「このミーテ

イングで『一番達成したいこと』は何ですか？」「どんな貢献をしたかったの？」」。こうした質問を通して、私たちの共通の注意が個人的な評価ではなく、その人のミッションやビジョンに向けられるようになります。肯定的な評価と否定的な評価、どちらもしっかりと受け入れられるような「オープンな心（の状態）」になるのは、この状況においてなのです。

❷次に、自身の経験――彼らのパフォーマンスとは別のこと――を、振り返るように言います。

こんなふうに聞くかもしれません。「そのプロジェクト（あるいは授業、会議など）は、何が際立っていたと思いますか？」「この経験やプロセスはあなたにとってどんなものだったのでしょう？」「何か驚いたことはありましたか」。こう聞くのは、すぐに称賛したり批判したりするためではなく、実際の経験を振り返ってもらうためです。

❸その次に、気分が良くなったことについて聞きます。

「何を達成したのですか？」「自分のパフォーマンスの中で、特に満足感を得た部分はありましたか?」「これまでのプロセスや自分の行動・貢献で、評価できる瞬間はあったでしょうか?」。その人たちが、「本物だ」と思える何かを見つけたら、その貢献をするために彼らを支えたものは何だったか、聞きます。「何を考え、何に集中していましたか?」「積極的にリスクを負ったり、新しいことに挑戦したりしたのでしょうか?」「他の人が助けてくれましたか?」。

こうして自分自身を振り返ってもらった後で、その人のパフォーマンスを少なくとも1つ、評価するようにしています。可能なら、私の観察したこと・意見と、その人たちが自分で語ったゴールとを、関連づけるようにします。私が気づいたことを伝え、私が考えるその人の長所や努力を伝えます。

しかし、この作業(プロセス)は、「否定的なフィードバックにさらされる前に、気持ちよくさせようとしている」だけではありません。「最高の自分」を見ることによって、ゴールやパフォーマンスにコミットする気持ちを高める機会なのです。

❹ここで初めて、失望していることがないか、聞きます。

「自分のパフォーマンスは期待したほどの出来ではなかったですか?」「思い返してみて、失敗はありましたか」。私の経験では、ほとんどの人がいつも、取り組むべき「興味深い課題」を、何かしら見つけます。

実際、私がこれまで一緒に働いたほとんどの人は、放っておいたらまず自己批判から始めます！　評価される人は必ずと言っていいほど、調べてみる価値がありそうな「成長の源」とも言えることを考えつくものです。それは本来私が考えていた批判ではないかもしれませんが、何らかの形で、私が気にかけていたことと関係がある場合が多いのです。

そしてそれは、その人のゴールや自己観察にフォーカスした会話から出たものなので、これまで経験してきた「恥を感じてしまう批判」から生まれたものというよりは、自分の中で生まれた見識・洞察のように感じられるのです。

私が最も気にかけていたことが出てこなければ、注意を向ける価値のあるものとして、私が気にかけていたことを提案します。例えば、「評価対象者がプレゼンテーションの準備を十分にしてこなかった」と私が思い、本人がその話を出してこなかったとしたら、準備のプロセスについて質問します。「準備に当たりもっとできることがあったのではありませんか？」と。会議の準備をするために私が知っている最善の方法を彼らとシェアし、それがどれだけ助けになるかを説明します。

大事なのは、この議論には決まった解答がないことです。単純に叱責して、何をすべきだったのか教えることはしません。実力を十分に発揮できないのはなぜか、改善することに集中するために一番大事なことは何か。そうしたことに対して、心を開きます。

❺結論を出さない会話で、この（フィードバックの）プロセスを締めくくります。

時折、カジュアルなおしゃべりや、その人の将来の目標の話にまで発展することがあります。この時私は、「協力的で」「信頼関係を構築できる形の」「楽観的な」話を通して、批判的なフィードバックを伝えるように心がけています。信頼関係があれば、否定的なフィードバックも違った雰囲気で伝えられると信じています。

このフィードバックのプロセスを他の上司、メンターと共有すると、初めは疑問視する人が少なくありません。正直に自分を振り返ることなどできるのか、疑っているのです。そんなことをするのは時間の無駄ではないか。その人が何を間違えたか教えて済ませばいいのに、と思っています。

単刀直入に言うと、手をかけないフィードバックは、確かに短期的に見れば、上司にとってラクです。しかし私の経験では、長い目で見て本当に誰かが変わり、成長するのを手助けしたいなら、振り返りながら評価する「会話を通したフィードバック」の方が効果的です。この方法を試すよう同僚を説得できた時、彼らは大抵喜び、驚きます。スタンフォード大学の教師仲間の1人が最近言いました。「もう昔のようなフィードバックのやり方には戻らない」と。

このフィードバックの方法を取ることで、本当に得るものがたくさんあると気づきました。この方法だと、評価対象者を別の視点から見ざるを得なくなるのです。評価対象者が、「私が直したり完成させたりする対象」としてではなく、「それぞれのゴールを持ち、強みを持ち、自分の知らない資質を持つ1人の人間」として見えるのです。

私の仕事は、そうしたこと一つひとつにその人が気づくのを助け、成長を手助けすることです。その人たちがはっきりと気づく前に「彼らの最高の姿」に私が気づき、成長できる最も大きな機会に向けて、彼らの注意を促すことです。

ありがたいことに、最近では恐れや失望を感じさせて、誰かを泣かせたことはありません。――私が仕事をしっかりとできた時に、感謝の涙を流す人はいますけれど。

フィードバックのルール

ルール1 まず、その人のゴール（目標）がどこにあるのかを聞く

↓ この質問を通して、その人の注意が「個人的な評価」ではなく、その人の「ミッションやビジョン」に向けられるようになる。

具体的な質問

- 「そのプロジェクトの意図するもの・目的」は何ですか？
- 一番達成したいことは？
- どんな貢献をしたかったですか？

ルール❷ 次に、自分の経験を振り返るように言う

→すぐに称賛したり批判したりするためではなく、実際の経験を振り返らせる。

具体的な質問

- そのプロジェクト（あるいは授業、会議など）は、何が際立っていたと思いますか？
- その経験やプロセスは、その人にとってどんなものでしたか？
- 何か驚いたことはありますか？

ルール❸ その次に、「気分が良くなったこと」について聞く
その人のパフォーマンスを少なくとも1つ、評価する

→「最高の自分」を見ることによって、ゴールやパフォーマンスにコミットする気持ちを高める機会になる。

具体的な質問

- 何を達成したのですか？
- 自分のパフォーマンスの中で、特に満足感を得た部分はありましたか？
- これまでのプロセスや自分の行動・貢献で、評価できる瞬間はあったでしょうか？
- 何を考え、何に集中していましたか？
- 積極的にリスクを負ったり、新しいことに挑戦したりしたのでしょうか？
- 他の人が助けてくれましたか？

ルール④ ここで初めて、「失望していることがないか」、聞く

↓ するとほとんどの人が、取り組むべき「興味深い課題」を、何かしら見つける。

具体的な質問

- 自分のパフォーマンスは期待したほどの出来ではなかったですか？
- 思い返してみて、失敗はありましたか？

ルール⑤ 結論を出さずに、フィードバックを締めくくる

「やってはいけない!」ルール

評価対象者を、「(評価者が)直したり完成させたりする対象」として見る

監訳者あとがき

スタンフォード大学の心理学者、ケリー・マクゴニガル博士の最新刊となる本書には、3つの特徴があります。

1つ目の特徴は、著者であるマクゴニガル博士が、「日本人の読者」を意識して書かれた点です。

本書のレッスンを構成するテーマは、「時間管理術」「目標設定の立て方」といったビジネススキルから、「雑談の効用」「謝り方」といったコミュニケーション術、ストレス対策まで、多岐にわたります。私たち日本人が抱える課題を中心に選んでいただきました。それは本書が、「日経ビジネスアソシエ」誌面で2014年6月から2年間にわたり、日本の読者に向けて書き下ろされたものだからにほかなりません。

2つ目の特徴は、マクゴニガル博士自身の体験を、ケーススタディーの材料として提供している点です。

成功体験にとどまらず、失敗や弱みを力に変えてきた博士自身の〝リアルストーリー〟が読み手の共感を誘い、本書で示される問題解決へのアプローチが、すんなりと頭に入ってきます。それはあたかも、博士がメンター（助言・指導してくれる人）となって読み手を導き、ゴールまでサポートしてくれるような感覚でしょう。

3つ目の特徴は、最新の心理学、行動科学の知見がふんだんに盛り込まれている点です。

「やる気が出ない」「自信がない」「人からどう思われるか気になる」「変わりたいのに、変われない」。——誰もが一度は感じたことがある「自分だけうまくいかないのはなぜ？」という日常の悩み、不満が本書で取り上げるテーマですが、そうした悩みに対して博士は〝科学的な答え〟を明快に提示しています。

その論拠として、博士が教えるスタンフォード大学だけでなく、ノースカロライナ大学「決断力研究センター」、ハーバード大学「エドモンド・J・サフラ財団倫理センター」、ドイツのヤーコプス大学ブレーメン校など、世界有数の研究機関の調査研究成果が紹介されています。「生産性を上げる」というテーマでレッスン4で取り上げた、ハーバード大学ビジネススクールのエイミー・カディ准教授による「パワーポーズ」もその1つです。カディ准教授はマクゴニガル博士と同じく、米国の著名な心理学者の1人。この本で示されている「解」は、世界有数の研究成果によって裏打ちされているのです。

本書は、読者の様々な課題や悩みを25のテーマに分け、精神論や根性論ではなく、研究結果に基づく科学的見地から「解決の糸口」を示すものです。シンプルで分かりやすい説明はもちろん、読後すぐに試せる具体的な思考法や行動を紹介する「実践的なガイドブック」に仕上がっています。各レッスンの最後につけた「ポイント」は、マクゴニガル博士の執筆内容に則して、日経ビジネスアソシエ編集部でまとめたものです。なお、「マインドセット」といった専門用語が本書に登場しますが、心理学などの学術訳語はつけず、文脈に合わせた訳語にした箇所もあります。

博士に初めてお会いしたのは、2013年の晩秋でした。「聡明で美しい方」というのが第一印象でしたが、話が進むうちに、気さくな方という印象が加わりました。当時私は、カディ准教授に「パワーポーズ」についてのお話を伺おうとアプローチしていましたが、機会を得られずにいました。それを知った博士は初対面の私に、「カディ准教授と交流がある自分がご紹介しましょう」と、即座に協力を申し出てくださったのです。本書でも繰り返し書かれているように、博士は「他者を助け、励ますこと」「もがいている人をサポートすること」を自らのゴールに定めています。それをごく自然に体現されている博士の心の大きさを実感した出来事でした。

博士は執筆中、日本の読者の反応に常に気を配っておられました。読み手の立場に立ち、悩みに寄り添いながら執筆を進めてくださった博士に心から敬意を表するとともに、深く感謝申し上げます。

泉　恵理子

2016年9月

本書は、２０１６年10月に日経ＢＰから発行した同名書籍を文庫化したものです。

日経ビジネス人文庫

スタンフォードの心《しん》理《り》学《がく》講《こう》義《ぎ》
人《じん》生《せい》がうまくいくシンプルなルール

2020年4月1日 第1刷発行

著者
ケリー・マクゴニガル

監訳者
泉 恵理子
いずみ・えりこ

発行者
白石 賢

発行
日経BP
日本経済新聞出版本部

発売
日経BPマーケティング
〒105-8308 東京都港区虎ノ門4-3-12

ブックデザイン
鈴木成一デザイン室

本文DTP
マーリンクレイン

印刷・製本
中央精版印刷

Printed in Japan ISBN978-4-532-19971-5

本書籍に関するお問い合わせ、ご連絡は下記にて承ります。
https://nkbp.jp/booksQA